冥間鬼神

作者 ◎ 馬書田

風格司藝術創作坊

作者簡介

馬書田，一九四六年生，北京人。原籍河北新成。現為中國少年兒童出版社編輯，中國楹聯學會暨中國俗文學學會、北京詩詞學會理事，中國民俗學會暨中國紅樓夢學會會員。

主要著作有《千年對聯佳話》、《中國紅樓夢大辭典》（哲理宗教部分）、《中國小説大辭典》（明清小説部分）、《華夏諸神》、《超凡世界》、《華夏諸神祖廟》、《全像中國三百神》等，凡二百萬字。其中《華夏諸神》在一九九〇年圖書評比中獲獎。

目錄

前言——話鬼

白日青天休說鬼，鬼仍有趣更奇哉；要知形狀難堪處，我被揶揄半世來！肥瘠短長君眼見，與人踵接更肩摩。請君試說閻浮界，到底人多是鬼多？

清代揚州八怪之一的羅聘畫了一副《鬼趣圖》，轟動一時。圖上有幾十位詩人題詩，上面兩首即爲「石湖漁隱」吳照所題。

鬼，這個令人又驚又懼、既怕且喜，又神祕又有趣的題目，人們已追尋、探討了幾千年，但至今還是說不清！「可憐夜半虛前席，不問蒼生問鬼神！」這是李商隱〈賈生〉一詩中的名句，讓我們既問鬼神，又問蒼生，看看蒼生與鬼神之間到底有何微妙的關係。

㈠鬼之產生

從古至今，有許多人反對有鬼論，認爲世上根本沒有鬼，主要理由是從來「沒有領教過鬼的尊容或其玉音」（周作人《談鬼論》），故眼見爲實，耳聽爲虛，否認鬼的存在。清代文人劉青園在《常談》卷一中，談了自己的體會：

鬼神奇跡不止匹夫匹婦言之鑿鑿，士紳亦嘗及之。唯余風塵斯世未能一見，殊不可解。或因才不足以為惡，故無鬼物侵陵；德不足以為善，亦無神靈呵護。平庸坦率，無所短長，眼界固亦如此。

話雖說得宛轉，但反對有鬼論是顯而易見的。

可問題沒有這般簡單。數千年來，有多少人談鬼信鬼，留下了多少鬼的筆記、鬼小說·鬼故事，還有鬼節、鬼戲、鬼畫，而且不但中國有鬼，世界各民族也都有鬼，難道這一切都是憑空揑造？

看來問題還眞不簡單。不必忙於下結論，還是先看看鬼之由來吧。

1. 萬物有靈——原始人類心目中的「鬼」。

古生物學和考古學的研究成果證明，大約在三百萬年以前，人類告別了猿類，開創自己的歷史。在三百萬年的漫長歲月中，人類經歷了猿人、古人、新人三個發展階段。缺乏理智的猿人（前三百萬年～前五十萬年），尚處於無憂慮、無拘束、無願望、無祈求的狀態，根本想像不出什麼「神靈」來，自然不會有「靈魂不死」之類的觀念。到了古人時期（前五十萬年～前十萬年），雖然比猿人進步了很多，但從我國馬坎人（廣東）、長陽人（湖北）、丁村人（山西）這些古人遺址來看，也沒有發現任何帶宗教痕跡的遺物。但在比這些稍晚的古人尼安德特人（德國）遺址中，人們卻發現了一些宗教痕跡。尼安德特人已有墓葬，頭東腳西，跟日出東方日落西方有關，表明他們希望死者能夠看到太陽、光明。死者屍骸周圍撒有紅色碎石片，放有石製生產工具。這些隨葬品表明，尼安德特人大概已有陽世和陰世的概念了，他們希望死者到了冥冥陰世後，照樣能得到光明、溫暖，照樣進行生產、生活。

古人進化到新人時期（前十萬年以降），智力有了較大發展，宗教觀念較古人也更明顯。如公元前二萬五千年左右生活在我國北京房山周口店龍骨山一帶的山頂洞人，他們居住的山洞分爲「上室」和「下室」兩部分。上室是活人的公共住室，下室在洞的後部，是死人的公共墓地。死者的屍骸上撒有赤鐵礦石粒，這大約是象徵著火和血、光和熱的，是給死者光明和溫暖，希望他們重獲生命。還放有石器、石珠和穿孔的貝殼、穿孔的狐狸牙等裝飾品。這些陪葬品表明，當時的人認爲靈魂是不會消滅的，它們生活在另外一個人們還捉摸不透的地方。不過，這時的鬼靈觀念到底是怎樣的，也很難想像，但肯定與後來人們的鬼靈觀念是不同的。

「靈魂不死」的觀念，是源於「萬物有靈」。在十九世紀下半葉，英國文化人類學家泰勒在他傑出的著作《原始文化》中，提出了「萬物有靈論」。他認爲早期人類普遍信仰精靈，世界萬物，如風雨雷電，山火的燃燒，太陽、月亮、星辰的運行，虹霓雲霞的變幻，不論是動物、植物，還是山川河流，都有一種超越自身外部形體的精靈存在。人也有靈魂，人死，靈魂不死。自然界千變萬化的現象都是精靈作用的結果。

用「萬物有靈」來解釋早期人類鬼靈觀念的起源，是很有道理的。而鬼靈觀念的產生又是源於夢境。

夢是人類的專利，一般來說動物不會做夢（有人認爲猩猩可能會做夢）。夢是大腦思維發展的結果，是人類進化過程中的必然產物。在夢中，人們照樣能夠進行活動，而且比醒時活得更奇妙。在夢中，人們還可遇到一些似人非人的幻像，如蛇身人面、狗面人身等。夢中有時還能見到死去的先輩。於是，夢把早期人類帶入一個新奇的世界，同時也給他們帶來許多疑惑和不解。這使他們聯想到，人除了自身可視的形體以外，一定還有一種不可視的東西即鬼靈的存在。所以，所謂「鬼」就是「萬物有靈論」、「靈魂不死」在人自己身上的落實，「鬼」就是靈魂的具體化。

鬼的產生是個極其複雜的問題，從「萬物有靈」到「靈魂不死」到出現最初的鬼靈，經過長期的發展衍變，日益豐富，日益繁雜，驚心動魄，令人悚然，成爲一種奇妙無比、影響深遠的獨特的鬼文化。這也是由多種原因促成的，有生理原因、心理原因、宗教原因、社會需要等多種原因。

2.生理原因和心理原因。

人與許多動物乃至植物一樣，喜歡光明和溫暖，而害怕黑暗和寒冷。由於人類是高級生靈，有思維，有情感，喜愛、追求光明，厭惡、害怕黑暗，自然比其他動植物更强烈。

心理學家研究證明，怕黑暗是人的天性之一。試驗證明，很多嬰兒一生下來就怕黑，把他們放到黑暗的環境裏，馬上就會哭起來。而鬼是與黑暗緊密聯繫在一起的。人們心目中的鬼靈都是在晚上出現和活動的，少數鬼白天出來，也要幻化成人形。《聊齋誌異》中出現的鬼，則幾乎全在夜間活動。所以，鬼都喜歡夜間，喜歡黑暗，「鬼鬼祟祟」、「鬼頭鬼腦」、「心懷鬼胎」一類的詞語，都有這層意思，借指行爲不光明，見不得人。

古人認爲，鬼最怕雄雞。爲什麼？雄雞爲司晨之靈，雄雞一鳴天下白，故慣於夜間生活的眾鬼畏之。古時習俗，「帖畫雞戶上，懸葦索於其上，插桃符其傍，百鬼畏之」（南朝梁・宗懍〈荆楚歲時記〉）。《太平御覽》卷二十九引《莊周》亦云：「有掛雞於戶，懸葦炭於其上，樹桃其旁而鬼畏之。」

黑暗，給鬼的出現提供了神出鬼沒的活動環境，而他們活動的場所又常被說成在墳地、老屋、廢墟、曠野、古廟等（外國的鬼則出沒於修道院、教堂、廢屋中）人跡罕至的地方，更增加了陰森可怖的氣氛。人們夜晚偶然來到這些地方，由於鬼靈觀念作怪，心中有鬼，黑暗中影影綽綽的搖曳的小樹、突兀的怪石等，都會被誤認爲是「鬼」；如有人無聲無息地從身旁路過，更會被嚇得靈魂出殼！《荀子・解蔽篇》中說：「凡觀物有疑，中心不定，則外物不清。……冥冥而行者，見寢石以爲伏虎也；見植林以爲後人也，冥冥蔽其明也。」文中還舉有一例：

夏首之南有人焉，曰涓蜀梁。其為人也，愚而善畏。明月而宵行，俯見其形，以為伏鬼也；仰視其髮，以為立魅也；背而走，比至其家，失氣而死。豈不哀哉！

凡人之有鬼也，必其感忽之間，疑玄之時正之。

如果地球上永遠是白天，「鬼」就會無處藏身，大概人們心目中根本就不會出現什麼「鬼」了。

鬼的產生也與人們怕死心理密切相關。人們有強烈的求生怕死願望，從一定意義上講，人類的文明發展史，就是一部人類求生奮鬥史。「螻蟻尙且貪生」、「好死不如賴活著」，是人們普遍的怕死心理。而鬼是害人的，是找替代的，活人自然怕得很。世人編出了無數個鬼害人命的故事，越怕死，就越怕鬼！

人們雖然怕死、怕鬼，但鬼的出現卻又滿足了人們的另一種心理平衡。人死後變成鬼，可有不少鬼還可以投生爲人，再活一次或多次。

其實，如果眞有那麼一個鬼世界，倒也不壞。死後還能見到已經死去的親人、或自己從未謀面的老祖宗，甚至還能見到歷史上各代名流（只要他們尚未投生），豈不有趣？

鬼的產生與人的夢境幻覺也有極大關係。人在夢境中不但會看到死去的親友，還常常出現奇特怪異的形象，這是許多人都有過的經歷。人們對這些可怕的怪異現象無法明白，只有用「鬼」來解釋了。

綜上所述，鬼的產生是人類社會特有的文化現象，是與人類的心理思維分不開的。早在東漢年間，著名學者王充即已清楚這一道理，他在《論衡·論鬼》中論道：

凡天地之間有鬼，非人死精神為之也，皆人思念存想之所致也。致之何由？由於疾病。人病則憂懼，憂懼見鬼出。

……畏懼則存想，存想則目虛見。

病重則怕死，怕死則憂懼而胡思亂想，胡思亂想則目虛見鬼。

3. 宗教原因。

如前所述，在我國遠古的原始宗教中，已有「來世」信仰，北京山頂洞人的死者要進行埋葬，有隨葬品。仰韶文化流行過瓮棺葬，葬具上鑿有一孔，是供靈魂出入的。這是早期人類認為人死後還會重新生活在另一個世界裏。所以，進入奴隸社會以後，統治者便施行厚葬，使死者即使變成鬼，也要在那個看不見的鬼國裏，繼續享受富貴，作威作福，統治眾鬼。不但他們的陪葬品多得驚人，而且還施行殘酷的人殉制度。在發掘出的商王墓中，最多的殉葬人數有四百餘人。到了秦始皇一死，後宮女子全部殉葬，加上「盡閉工匠藏者」（《史記·秦始皇本紀》），殉葬人數竟多至「什以萬數」！近年來，發掘出的部分秦陵兵馬俑，更是震驚世界。可見，古代帝王對他們死後的陰間生活有多麼重視。

佛教於東漢末傳入中國後，輪迴和地獄理論逐漸流行，佛教中的鬼與中國本土鬼也逐漸融合，形成一套十分完整的陰曹地獄體系，各種各樣的鬼靈開始變得形象具體了。

道教是不大講來世的，但它也有一套以酆都大帝、東岳大帝為首的鬼神系統，後與佛教鬼神合流，佛道鬼神濟濟一堂，共同管理陰間鬼事。

宗教信仰使鬼的產生和存在，進一步事實化和理論化，使人們毫不懷疑地信以為眞，誠惶誠恐。

4. 報應思想和習俗

「善有善報，惡有惡報；不是不報，時候未到；時候一到，一切都報！」這是在我國民間流傳極廣的有關善惡報應的一句俗諺，至今仍經常出現在人們的口頭上。

報應觀念的起源是很早的，隨著早期人類靈魂觀念的形成和發展，最初的善惡報應思想便產生了。不但中國如此，世界其他地區各民族也是如此，如歐洲地區，早在基督教產生之前，就存在著死後賞罰的觀念：「惡人必罰，善人必賞，所有人都這麼看」（拉法格《思想起源論》）。在荷馬史詩中，人們死後的生活極其黑暗淒涼，但幸運的英雄們靠著神的幫助，卻可以進入樂土，愉快地生活。古代非洲神靈賞善罰惡的觀念十分盛行，並且這一觀念有著維護氏族和部落團結的重要作用。

在中國，有關善惡報應的古文獻記載，不勝枚舉。《墨子・天志中》稱：「天子為善，天能賞之；天子為暴，天能罰之。」《周易》云：「積善之家必有餘慶，積不善之家必有餘殃。

」《尚書・商書》曰：「作善降之百祥，作不善降之百殃。」《韓非子・安危》：「禍福隨善惡。」《晏子春秋・內篇諫上》：「人行善者天賞之，行不善者天殃之。」可見，在我國春秋戰國時期之前，社會上善惡報應觀念已十分流行了。

東漢末年，佛教傳入我國，佛教中的六道輪迴和地獄等理論觀念，與我國原有的報應思想相結合，迅速發展，影響巨大，深入人心。善惡報應思想給民間的倫理道德法庭提供有力的理論根據和理想的懲惡手段。

在不公平、不合理的社會中，永遠有一部分人處於被壓迫、被欺凌、被損害的境地，而這些人絕大部分是無權無勢、軟弱可欺的普通百姓，冤屈者有苦無處訴，有冤無處申，只好求助於陰間，一是幻想惡人壞蛋死後被打入地獄，受到審判和各種刑罰，把他們火燒油煎、鋸割刀剮，變爲畜生、餓鬼，在阿鼻地獄裏受「無間苦」，永世不得翻身。二是自己死後變爲厲鬼，向仇人壞蛋索命。這兩種以變鬼的形式進行復仇懲惡的情況，在歷代筆記小說中有大量記載，雖是飢腸轆轆者的「精神會餐」，但到底使他們在虛幻的鬼國裏痛快地發洩了自己的憤濾與不平，出了心中的一口惡氣！

報應思想又引申出一種禍福觀念，而這種禍福觀念也與神鬼直接相關。隨著社會私有制的出現，個人的利害觀念迅速發展起來，人們爲了維護自己的福利，免除禍害降臨，便竭力盡人事而求鬼神，祈禱個人的福祉，得到鬼神的護祐。過去我國很多地區有結親鬼神的習俗，即源於鬼神決定人間的生死禍福之觀念。如南方地區舊俗常拜無常鬼爲「乾爹」。因傳說無常是閻羅王所派專職勾攝亡魂之鬼，拜他作乾爹，自然會受到他的保護，不會被意外地拘走。孩子小的時候，父母做一件新的衣衫，送到廟中將無常鬼的舊衣換新，供以燒酒、燒餅、香燭、銀錠等物，再由廟中和尚爲出寄之子取個名字，算是成了無常的「乾兒子」。以後，每年農曆七月無常鬼生日時，父母抱著孩子去叩拜，直到孩子滿十六歲爲止。

總之，傳統的報應思想和禍福觀念及習俗，也是鬼靈產生和生長的良好溫床。

5.社會需要的產物。

鬼的產生與存在也是社會的需要，人類社會需要一個鬼世界（自然還有神世界）來調節和補充。人類社會從產生之日起，就是很不完善的，並受到自然世界的欺凌和危害，而且這種不完善和危害將永遠存在。於是人們造出了美麗的天堂和可怕的地獄，天堂是人類性格樂觀可愛的一面，而地獄則是人類軟弱卑劣的一面。人們從現實社會找不到的答案，往往會向天堂、地獄中去尋找。陳獨秀曾在一九一八年的《新青年》上寫文說：「吾國鬼神之說素盛，支配全國人心者，當以此種無意識之宗教觀念最爲有力」（《新青年》第四卷第五號〈有鬼論質疑〉）。鬼神觀念是最深入人心，有著雄厚根基的。其實，說鬼就是談人，講的是鬼話、鬼事，實際就是人話、人事，鬼世界即人世界。周作人說：「我不相信人死爲鬼，卻相信鬼後有人」，「聽人說鬼實即等於聽其談心」，可以了解鬼裏邊的人，鬼世界其實透露出「中國民族的眞實心意」（《夜讀抄·鬼的生長》）。

鬼的世界也滿足著人們的好奇心，刺激著人們的神祕感，人們愛聽、愛說、愛編、愛造，鬼故事在世界各地凡有人群的地方廣泛傳播著，豐富發展著，滿足著各類人的精神需要。

歷代文人在記錄、創作、傳播鬼文化中，起了重要作用。歷代文人留下大量的鬼筆記、鬼詩文、鬼小說和鬼戲劇，沒能流傳下來的不知還要有多少倍！

歷代文人與鬼結下了不解之緣，除了對這個神祕的怪物十分感興趣之外，還與中國的政治環境並不寬鬆有很大關係。在文網密佈的時代，稍有不慎，就會觸動統治者脆弱的神經，輕者貶官流放，重者株連九族，誰想硬往刀口上撞？於是借鬼談人，以鬼諷今，曲折地抨擊現實，抒發心中的憤懣與不平，「不問蒼生問鬼神」，其實是兼問蒼生與鬼神，而且問的更多的還是蒼生。一部《聊齋誌異》，實乃一卷人間風情畫！

綜上所述，鬼的產生與存在是個十分複雜與有趣的文化現象，在中國土壤上生長起來的中國鬼，也有異於其他國家的「洋鬼」，具有自己的特點。

㈡鬼與神

前文談了鬼的產生，那麼，同樣作為超凡世界中主角的神，特別是最初的神，又是如何產生的？二者到底有何關聯呢？這是個很有意思很值得研究的問題。

在世俗心目中，「鬼」與「神」有天壤之別。鬼是「死亡」的代名詞，代表著凶惡、黑暗、恐怖和地獄；而神一般來講，則是「幸福」的代名詞，代表著善良、光明、福運和天堂。鬼威脅著人們的生命安全，是最險惡的看不見的禍害和敵人，而神則護佑著人們的生命財產，是最可信賴的主宰和親人。所以，人們對他們的態度也截然不同，對前者是恐懼、逃避、驅趕、鎮壓；對後者則是敬仰、拜伏、歡迎、祈禱。

其實，最初的鬼、神是不分的，鬼神本一家，二者的分化是後來的事，是人類社會逐漸分化的結果，於是神被抬到了天上，而鬼則被打入地下，走向了兩個極端。可以說，神是高級的鬼，而鬼則是低級的神。人之死後皆可爲鬼：「人所歸爲鬼。」（《說文》）「眾生必死，死必歸土，此之謂『鬼』。」（《禮記·祭儀》）而人死後成爲神的則鳳毛麟角，屈指可數。

鬼的概念產生以後，逐漸有了善惡之分，即有了善鬼和惡鬼。善鬼是給人們帶來好處，保護生者的，而惡鬼則會給人們帶來災難。至今我國一些少數民族還有這種信仰。善鬼有祖先鬼、保家鬼等，惡鬼有餓痨鬼、野山鬼、棒頭鬼等，惡鬼多是非正常死亡者變的，如死於刀槍之下、溺死、跌死、吊死、餓死等。有的民族迄今仍只有鬼的觀念，還缺乏明確的神的觀念。善鬼、惡鬼的分化是由於社會原因造成的，人們現實生活中的感受折射到早期宗教意識中去了。

漸漸地，人們把諸鬼中本領最大的、具有超自然力的上升爲「神」。神崇拜是由鬼崇拜中分化、昇華而成，晚於鬼崇拜。

從文字學的角度來看，鬼字出現得要比神字早。甲骨文和金文中的鬼字，有的寫作，其

形象是臉上蓋著一個東西的死人；有的寫作，形象是個奇異可怖的大頭鬼，金文又增加了一條假的獸尾巴。（參見姚孝遂〈小屯南地甲骨考釋〉、李萬春〈漢字與民俗〉）神字則是由雷電的「申」字孳乳而成。于省吾在〈壽縣蔡墓銅器銘文考釋〉中說：「『申』本象電光回曲閃爍之形，即『電』之初文。『申』字加『雨』爲形符，則變爲形聲字。古人見電光閃爍於天，認爲神所顯示，故金文又以『申』爲神（其字形作祀〔宗周鐘〕），神爲申之孳乳字。」（參見王明閣《甲骨學初論》）

神荼　鬱壘　（漢代畫像）

「神」字是由雷電的「電」字演變而來，與古人的雷電崇拜有關。雷有威振萬物的威力，電光閃耀於天，能貫通天空和大地，被認爲是天帝的系統。《書・洪範・五行傳》稱：「雷於天地爲長子。」《藝文類聚》二引上書又稱：「夫雷，人君象也。」《說文》釋「申」爲：「神也，七月陰氣成體自申束，從臼自持也，吏臣餔時聽事，申旦政也。」此處「陰氣」即指鬼，「七月」爲鬼節。這句話是說：申，就是神，在七月的時候，鬼會顯現形貌動態，吏臣們在餔時（傍晚時候）持臼，聽命神令政事。

甲骨文中的「申」作、等，均爲閃電曲

折之形，本意即閃電。金文作，加上了表示神靈、神主的「示」，「神」成了形聲兼會意的字。

神的觀念產生以後，逐漸與鬼分化，並走向兩極。人們將美好、吉祥的崇拜對象一一注入了「神」的功能與含意，塗上了神聖的色彩，並在地上、水中、天上創造出無數人格神和自然神來。隨著天的觀念進一步發展，鬼與神的觀念有了更爲明確的劃分，人們想像神大多居於天界，洞察世間一切，主宰眾生命運，而鬼居於地下，爲害作祟，據此人們又杜撰出「天堂」與「地獄」兩個極端的世界來。

㈢鬼之形象與種類

由於鬼是人們頭腦中主觀想像的虛幻的產物，他們的存在又是若有若無，若隱若現，所以他們的形象與現實存在的人類和動物完全不同，從來是捉摸不定的，從來沒有什麼一致的、固定的模樣。這倒充分顯示了民間造鬼的隨意性。古人在討論畫鬼問題時，提出了一些很有意思的見解：

狗馬最難，鬼魅最易。狗馬人所知也，旦暮於前，不可類之，故難。鬼魅無形，無形者不可睹，故易。

——（《韓非子·外儲傳》）

畫工惡圖犬馬，好作鬼魅，誠以事實難作，而虛偽無窮也。

——（《後漢書·張衡傳》）

正因古人認爲鬼魅無形而「虛僞無窮」，故鬼之形象也千奇百怪，不可捉摸，直到今天仍在花樣翻新。

古人心目中的鬼之形象大致有以下一些特點。

1.類人動物、半人半獸。在原始時期，鬼的形貌常被想像爲一種類人動物或半人半獸的怪物。當早期人類在意識中尚未將自身從動物界分離出來時，人獸不分的原始觀念是鬼的形貌憑以想像的心理基礎。在原始人看來，最可怕的是傷害人、吞食人，可致人死亡的怪物猛獸，鬼即自然界怪獸虛幻化的產物。

章太炎從文字學角度，考證原始意義的鬼，就是一種類人的動物。他說：

《說文》：甶，鬼頭也。象形。《唐韻》作敷勿切。聲與鬽近。鬽，老精物也。然禺及虞中猛獸，頭悉作甶，疑本獸頭之通名。……鬼，疑亦是怪獸，甶聲入喉，即孳乳為鬼。鬼，夔同音，當本一物，夔即魖也。（《文始》卷二）

沈兼士在一九三六年寫的〈「鬼」字原始意義之試探〉一文中，也認爲「人死爲鬼，雖爲一般的傳統解釋，似非其原始意義。鬼之原始意義，疑爲古代一種類人之動物，其後鬼神妖怪之義，均由此概念引申發展。」郭沫若在給沈兼士的回信中，對此觀點表示贊成，並說「余嘗疑魍魎圖像爲馬來語猩猩 Oransutan（此語今歐人通用）之對譯。此意曹質之尹默先生，頗以爲可信。又疑魑魅實 Chacma 之對譯，乃南非洲所產狒狒，古代蓋由中亞細亞而入中國者。……原始人捨具象的組織之外不能作抽象之懸想，鬼必由夔而魂者，斷無可疑。」（《沈兼士學術論文集》）

鬼爲獸形和半人半獸形在「古今語怪之祖」的《山海經》（成書於先秦）中有大量反映：

又西北二十里曰剛山，……是多神䰠，（郭璞注：䰠，亦魑魅之類也）其狀人身面獸身，一足一手，其音如欽。

——（《山海經·西次四經》）

鉤吾之山……有獸焉，其狀羊身而人面，其目在腋下，虎齒人爪，其音如嬰兒，名曰狍鴞，是食人。

——（《山海經·北次三經》）

袜，其為物人身黑首從（縱）目。（郭樸注袜，即魅也）

——（《山海經·海內北經》）

隨著歷史的發展，動物樣、半人半獸樣的鬼，逐漸向人樣鬼轉化，自然，要比人可怕恐怖得多，是人的怪異的變形。

2.高大的鬼。《太平廣記》中集錄了許多鬼的傳聞，其中有不少高大的鬼：

阮德如嘗於廁見一鬼，長丈餘，色黑而眼大，著白單衣，平上幘，去之咫尺。德如心安氣定，徐笑而謂之曰：「人言鬼可憎，果然。」鬼赧而退。（卷三百一十八）

……長丈餘而有四面，面皆有七孔，自號高天大將軍。（卷三百二十）

專門勾魂的無常鬼也常有一兩丈長。鬼的高大與猙獰自然給人造成恐怖的感覺。

3.矮小的鬼。人有高矮區別，鬼也自然有大小之分，只是小鬼遠比人矮得多。清·俞少軒在《高辛硯齋雜著》中說：

黃鐵如者名楷，能文，善視鬼，並知鬼事。據云，每至人家，見其鬼香灰色則平安無事，如有將落之家，則鬼多淡黃色。又云，鬼長不過二尺餘，如鬼能修善則日長，可與人等。或為淫厲，漸短漸滅，至有僅存二眼旋轉地上者。亦奇矣。

矮鬼不過一二尺，甚至只有二眼在地上旋轉不已，這種鬼奇則奇矣，可著實令人膽戰心驚！

身材十分懸殊的高鬼和矮鬼，在民間賽會上作爲一種相映成趣的對比，作著充分的表演。我國南方沿海地區，曾經佞鬼之風盛行。每年七八月間，城鄉各地紛紛舉行迎神賽會，把廟中神明請出來遊街，以驅逐厲疾，保境安民。

這些神明有高低之分，待遇自然不同，高級神如武聖廟之五公、瘟部尙書、郭聖王、三仙姑、齊天大聖、東岳大帝、炳靈王、包公、省城隍等，都坐在轎中出巡，而那些小神只能在街上徒步行走——塑像自然走不了，要由人裝扮，俗稱「神腳」。步行的神像皆用輕巧木料雕成，只有上身而無下部，軀輕中空，將半截神像套於人身，接以長袍，在其胸開一圓洞，可以窺視外物。其代表是「長爺」、「矮爺」。長爺有一丈開外，行走起來威風凜凜，高視闊步，很有威猛逼人之氣概。矮爺不過三尺，戴大如叵籮套頭面具，形貌猙獰，目與手與舌，皆有機捩，可以活動，以七八歲頑皮小兒裝扮，前後跳躍，追逐觀者，十分嚇人。這兩位長爺和矮爺，其實就是黑白無常鬼。

臺灣民間信仰的七爺、八爺，即與大陸的長爺、矮爺相似。七爺、八爺爲東岳大帝的警衛即「東護衛」、「西護衛」。臺灣民間賽會時的八爺短小黑頭，人稱「矮仔」，而七爺高大白

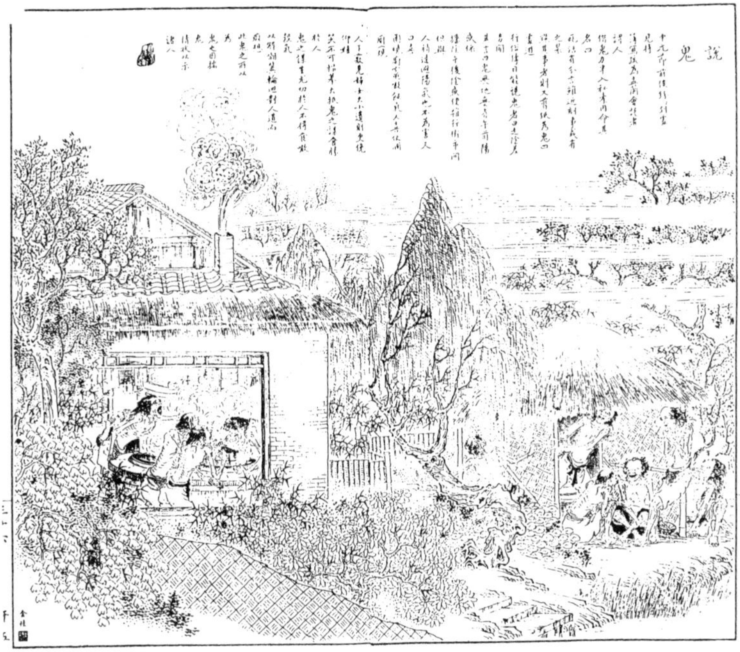

野鬼（清）

面，足有兩人高。他們的裝束與大陸上的長爺、矮爺相似，應是同類。（參見胡朴安《中華全國風俗志・閩人佞鬼風俗記》、劉文三《臺灣宗教藝術・神像雕塑》）

4.猙獰可怖的鬼。一般來說，鬼都是可怕的，而那些外表猙獰凶惡的鬼更叫人膽寒。這樣的鬼常被描繪成青面赤髮、巨齒獠牙。香港電影《畫皮》中，女鬼的原形就是這副尊容，以至鬧得許多觀眾看完電影後，夜晚開燈睡覺。

形貌猙獰的鬼多是不得善終者死後變成的，因其死時垂死掙扎、痛苦不堪，故其形貌十分醜惡可怕，如吊死鬼披髮瞪眼、口吐長舌，使人毛骨悚然。其他如淹死鬼、凍死鬼、餓死鬼、冤死鬼及厲鬼等，皆如是。這些惡鬼形象多見於小說、戲劇、繪畫，世人比較熟悉，茲不贅述。

5.鬼無體重。因鬼爲魂靈所化，已失去原先肉體，故無體重。這也成爲古人分辨人鬼的方法之一（**有些鬼可幻化爲人形**）。晉代流傳的宋定伯捉鬼的故事十分著名，其中就談到鬼無重量的特點：

> 南陽宋定伯少時，夜行逢鬼，問曰「誰？」鬼曰：「鬼也。」鬼曰：「汝復誰？」定伯誑之言：「我亦鬼。」鬼問：「欲至何所？」答曰：「欲至宛市。」鬼言：「我亦欲至宛市。」遂行。數里，鬼言：「步行太亟（疲乏），可共遞相擔也。」定伯曰：「大善。」鬼便先擔定伯數里，鬼言：「卿太重，將非鬼也？」定伯言：「我新鬼，故身重耳。」定伯因復擔鬼，鬼略無重。如是再三。定伯復言：「我新死，不知鬼悉何所畏忌？」鬼答言：「唯不喜人唾。」……行欲至宛市，定伯便擔鬼著肩上，急持之。鬼大呼，聲咋咋然，索下，不復聽之。徑至宛市中下，著地化為一羊，便賣之。恐其變化，唾之。得錢千五百，乃去。（《法苑珠林》卷十引〈列異傳〉）

文中說「鬼略無重」，即謂鬼幾乎沒有一點重量。宋定伯這個少年，靠膽略和智謀，捉鬼、賣鬼（**變成了羊**），撈了一筆小財，眞可發一噱。南朝梁・吳均所撰《續齊諧記》中〈陽羨書生

〉寫陽羨許彥於綏安山行，遇一書生，年十七八，臥路側，云腳痛，求寄鵝籠中，許彥以為戲言。「書生便入籠，籠亦不更廣，書生亦不更小；宛然與雙鵝並坐，鵝亦不驚。彥負籠而去，都不覺重。」因這書生是個鬼，所以沒有重量。

6.鬼可隱形。鬼靈飄忽不定，經常可以隱形。《淮南子・泰族訓》說：「夫鬼神，視之無形，聽之無聲。然而郊天望山川，禱祠而求福，雩兌而請雨，卜筮而決事。」《論衡・論死篇》也說：「鬼神，荒忽不見之名也」。認為鬼是無影無形、不可捉摸的。晉・戴祚所撰《甄異記》中，寫廣陵華逸寓居江陵，「亡後七年來還，初聞語聲，不見其形。家人苦請，求得見之。」但他並不露面，過了一段時間他才顯形與家人相見。（《太平廣記》卷三二二引）有的鬼不但可隱形，甚至還能藏到人的腹中為祟。東晉・陶淵明《搜神後記》卷六中就記有一個腹中鬼，使人心腹疼痛十餘年，差點死了。後被醫術高明的李子豫用八毒丸治好，腹中鬼也無影無蹤了。

7.鬼可顯形。鬼可顯形變化是其最重要的特點之一，由此生發出無數傳聞與故事。鬼的顯形主要有三種，一是猙獰可怕的惡鬼模樣，一是幻化為漂亮女人或年輕男子，再就是顯現為生前模樣。第一種前文已經提到。幻化為女子或男子（女子尤多）以惑人，大量載於歷代筆記和小說中。如東周時期流傳的有名的黎丘奇鬼故事：

梁北有黎丘部，有奇鬼焉，喜效人之子侄昆弟之狀。邑丈人有之市而醉歸者，黎丘之鬼效其子之狀，扶而道苦之。丈人歸，酒醒而誚其子曰：「吾為汝父也，豈謂不慈哉？我醉，汝道苦我，何故？」其子泣而觸地曰：「孽矣！無此事也！昔也往責於東邑人，可問也。」其父信之曰：「嘻！是必夫奇鬼也，我固當聞之矣。」

明日端復飲於市，欲遇而刺殺之。明旦之市而醉，其真子恐其父不能反也，遂逝迎之。丈人遇其真子，拔劍而刺之。（《呂氏春秋·愼行論·疑似篇》）

至於顯現爲生前樣子，也有許多記載，直到今天還有不少這種傳聞。如上海文藝出版社一九八八年徵集鬼故事時，就有一些這類稿件。茲舉一例。

一九六九年夏季的一天，在新疆某地。一位姓李的司機行車途中，下車修車。在檢修過程中，記得車門關得好好的，沒有見任何人靠近車輛。當他修好車開車門時，發現一個漂亮姑娘坐在司機室裏，穿著紅上衣白褲子，身挎一個小掛包，梳著兩條小辮子。李司機起初不願帶那姑娘走，姑娘便下車走向幾幢廢棄的破房子後面，二十多分鐘未見出來。李司機以爲她是去小解，當時已黃昏，李司機怕她一人在此不安全，就改變主意，決定讓她搭車走。但連喊幾聲，沒人回答，就到破屋後尋找，也沒人影。但轉回來後，卻發現那姑娘正坐在司機室裏。李司機急忙拿搖把發動車子，車子發動後，上車準備開車，可那姑娘又不見了。李司機下車在車前車後轉了幾圈也沒找到，只得開車走了。回到車隊談起此事，才知道半月前在那個地方因車禍死過一個姑娘，穿著打扮與李某所見一模一樣。這件事在當地司機中廣爲流傳。

以上所述鬼之形貌的千奇百怪、變化多端，正是人們對鬼充滿神祕感和恐懼感的產物，是人性的一種異化和扭曲。

至於說到鬼的種類，實在難以劃分，因爲他們其實是另一個世界裏的「人」，只是要比現實中的人可怕得多。在湖北雲夢睡地虎十一號秦墓出土的《日書》中載鬼有三十來種，如夆鬼、狀鬼、哀鬼、凶鬼、暴鬼、游魂、丘鬼、刺鬼、餓鬼、遽鬼、夭鬼、爰鬼、厲鬼等。我國少數民族信仰的鬼更多，如苗族認爲危害人、獸和動植物的鬼有四十多種。

如果勉强給鬼分類，大致有以下各種：

1.**外形特徵**：大頭鬼、尖頭鬼、長頸鬼、小面鬼、長臉鬼、赤髮鬼、大青鬼、一足鬼等。

2.**死因死狀**：吊死鬼、淹死鬼、餓死鬼、凍死鬼、燒死鬼、跌死鬼、冤死鬼、僵屍鬼、厲鬼等。

3.**活動地點**：山鬼、水鬼、岩鬼、地鬼、遊蕩鬼、廁鬼、宅鬼等。

4.**性格特徵**：冒失鬼、粗魯鬼、仔細鬼、嘮叨鬼、小氣鬼、調皮鬼、貪心鬼、缺德鬼、機伶鬼等。這些鬼大多出現在鬼小說和鬼故事中，不過

避雨遇鬼　（清）

是社會上這類人的鬼化。

5.行爲特徵：風流鬼、色鬼、賭鬼、煙鬼、酒鬼、討債鬼、討吃鬼、下作鬼、替死鬼、齷齪鬼等。這些鬼也多出現於鬼小說、鬼故事和鬼戲中。

以上諸鬼是人死後變成的鬼，不包括少數民族信仰的動植物鬼和自然現象鬼。

諸鬼中需要一提的是厲鬼、僵屍鬼和吊死鬼，這三種鬼十分厲害，在民間的影響也最大。

厲鬼，是一種惡鬼，是爲害最烈之鬼，又叫「强鬼」。據說是一些孤魂幽鬼，即那些慘遭橫死者、冤死者變成的鬼，或死後沒有後代奉祀的鬼。這些冤鬼、野鬼，滿腔怨憤，陰魂不散，常常作亂人間。對於厲鬼，古人十分恐懼，厲鬼會找仇人索命。《左傳·成公十年》載：

> 晉侯夢大厲，被髮及地，搏膺而踴。曰：「殺余孫不義，餘得請於帝也。」壞大門及寢門而入，公懼，入於室，又壞户。公覺，召桑田巫。……（公）如廁，陷而卒。

所謂「殺余（我）孫」，即是斷了他家的香火，所以變成厲鬼來報仇，這雖是晉景公夢中所見，但被嚇得要死，後來終於掉進糞坑死了。

在《左傳·昭公七年》中還記載了一個叫伯有的厲鬼。當時在鄭國人之間，人們都用「伯有」來嚇唬人說：「伯有來了！」一聽這話人們嚇得亂跑。有人夢見伯有說要在壬子日殺死駟帶，到明年的壬寅日殺死公孫段。等到壬子日，駟帶果然暴死，國人驚恐萬分。第二年壬寅日，公孫段也死了，鄭國人更被嚇得喪魂落魄。後來子產立伯有的兒子爲大夫，藉以安撫厲鬼伯有，使他不再殺人。別人問起原因，子產說：「鬼有所歸，乃不爲厲，我爲之歸也。」

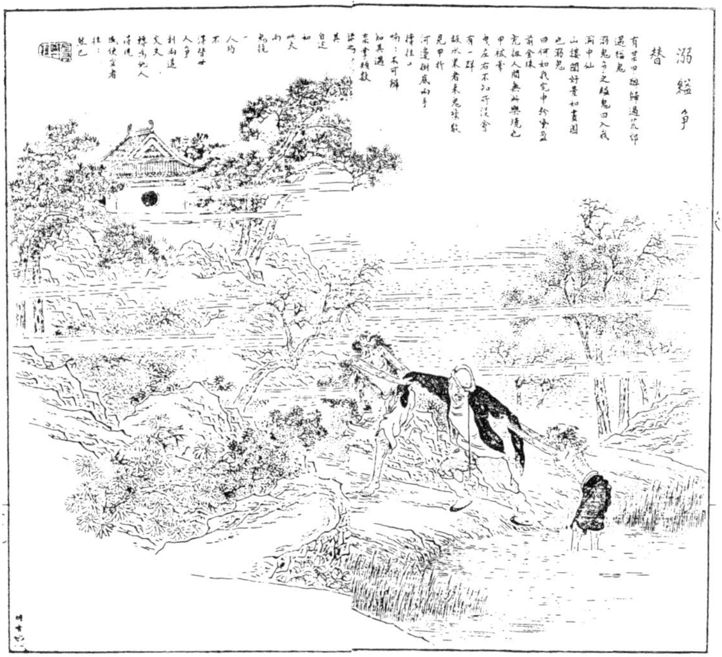

淹死鬼吊死鬼爭找替身　(清)

又，「厲」可同「癘」，疫也。《楚辭．天問》：「伯強何處？」王逸注云：「伯強，大厲疫鬼也，所至傷人。」所以給活人帶來瘟疫災害的瘟鬼，也是厲鬼之一。

吊死鬼是民間傳說極多又很恐怖的一種惡鬼。上吊是古時最常見的自盡方式之一，故傳聞也多。人上吊（自縊）死去的樣子是十分可怕的，吊死鬼的樣子自然也極其駭人。《聊齋誌異》卷六有一篇〈縊鬼〉，寫一個叫范生的人，親眼看到一少婦濃裝艷抹後上吊的情景：

婦裝訖，出長帶，垂諸梁

而結焉。(范生)訝之。婦從容跂雙彎，引頸受縊。方一著帶，目即合，眉即豎，舌出吻二寸許，顏色慘變如鬼。大駭奔出，呼告主人，驗之已渺。

吊死鬼除樣子難看恐怖外，還常常爲找替身而引誘人上吊。這種鬼故事流傳很多，茲舉一例。清·慵訥居士《咫聞錄》卷十載：

某處有房一所，盛傳有縊死鬼，無人敢居。一生曰：「吾素不畏鬼。」整衾宿焉。睡至三更，聽颯颯有聲，視燈火轉碧，燈前立有艷妝絕色婦人。心思：「是房久空，婦從何來？此即人云『縊死鬼』也，吾當瞷(偷偷看)其如何迷人自縊。」

逾時，婦近帳前。生啓帳出，假作哀苦狀。鬼即持竹圈一，令由圈中視之，內有樓內亭閣，畫棟雕樑，靈池碧沾，真勝地也。鬼令入，生以手進。鬼曰：「樂豈手能取乎？」生挑左足進。鬼曰：「伸頸而入，則樂得矣！」生曰：「子以愚而受害，致有不散之冤；吾不受子之餌，替子消冤也。」忽不見，但聞空中啼哭而去。由是此房意為潔室。

文中之鬼是使用竹圈誘人縊死，而更多的吊死鬼是用繩子誘人上吊。吊死鬼中以女性爲多，而她們的所害對象也多爲新娶的媳婦或富家少妾。這也曲折地反映了現實社會中婦女的不幸命運。許多婦女是不堪忍受公婆、丈夫乃至小姑的虐待，而投繯自盡的。然而吊死鬼們也是在轉嫁不幸，以自己的不幸，製造新的不幸。

諸鬼中最讓人毛骨悚然的是僵屍鬼。

據說僵屍鬼是死屍沒有腐爛，感受到陽氣而走魂，極其凶惡殘忍，不置活人死地決不罷休。清・東軒主人在《述異記》卷中裏，有一篇記述僵屍鬼的傳聞：康熙某年，有二役解一犯人，路過山東某縣荒郊。時值大雨，天晚無處投宿。遠見有燈光，趨至，見破屋前後兩間。入內見一婦人背燈而哭，遂告以投宿之意。婦云：「我夫新死，屍尚在外舍，不便留住。」三人因雨夜難行，再三懇求，遂共宿屍旁。接下，便是僵屍鬼害人情景：

長舌鬼　（清）

一燈熒熒，二役已鼾睡，此犯心悸，展側未寢。忽見此屍蹶然而興，犯驚慄不能出聲。屍就燈熏手使黑，往塗役面，兩役俱不動。後復熏手，將至犯身，犯大呼狂走出門。屍遽追之，連過二橋，屍猶未舍。犯奔入破廟，逾短垣而出。屍撞牆僵仆，犯亦昏倒牆外。迨明，行者見之，以姜湯灌蘇，始述昨夜所見。共往跡之，則二役並死於荒塚之旁矣。

簡直就像是一部恐怖片。這種恐怖鏡頭在清·袁枚的《子不語》中，有更多描繪。如〈石門屍怪〉寫李生下鄉催租，夜入荒村，困倦臥草中。忽聞草人颯然有聲，如人起立，取火石擊照，見一蓬髮人，眼閉血流，形同僵屍，倚草而立。李大驚，忙連擊火石，火光每一亮，僵屍之面一現，李退一步，則僵屍進一步。李駭甚，狂奔而逃。僵屍追之，踐草上，簌簌有聲。李狂奔數里，闖入酒店，大喊而仆，僵屍亦仆。酒家救醒了他，才知合村瘟疫，那人全家皆亡，死未棺殮，屍感陽氣而走魂。《畫工畫僵屍》講的是，某家父死，兒子去買棺材，他請畫工爲死者畫像。畫工來到死者床前，抽筆待畫。不料僵屍忽然蹶起，畫工知是走屍，坐不敢動，屍也不動，但閉目張口，形容可怖。畫工想如果自己逃跑。僵屍必會追趕，不如坐著畫像。畫工每一舒臂運指，僵屍竟也依樣動作，畫工怕得要死，大聲呼救，但無人答應。死者兒子買棺上樓，見父屍蹶起，當時嚇死過去，鄰人上樓見狀也嚇得滾下樓去。最後，抬棺者持掃帚來，才將僵屍拂倒——僵屍怕掃帚。

在僵屍鬼中還有不少女性，這些女鬼以色相迷男子，然後加害。明·瞿佑《剪燈新話》中〈牡丹亭記〉寫厝棺女屍與喬生苟合，鄰翁「穴壁窺之，則見一粉骷髏與生並坐於燈下」，告之喬生，喬生將信將疑，後終被女鬼祟死柩中。《子不語·西園女怪》中，勾引男子的女僵屍不僅容貌艷麗，而且還能吟詩作賦，但少年陳生、周生追隨她至幽僻處時，美人不見了，出現眼前的是：

則柳樹下倒懸一婦人首。二人駭極，大呼。首墜地，跳躍而來。二人急奔，避入室，首已隨至。兩人關門，盡力抵之。首嚙門限，咋咋有聲。俄聞雞鳴，跳躍去，至池而沒。

傳聞中女僵屍鬼外表的艷麗與本質的猙獰，其手腕的狡猾與陰險，也含有「女色禍水」、「色是刮骨鋼刀」的寓意。《紅樓夢》中那面正反兩面皆可照人的鏡子——「風月寶鑒」，也有這層含義。照正面，可出現美人（文中是鳳姐）並能與之雲雨一番，但反面一照，卻見一個骷髏立在裏面。賈瑞正面照了幾次，直到送了命（第十二回）。

(四)鬼小說與鬼畫

鬼的觀念產生以後，接著產生了鬼的形象和鬼的活動，接著便出現了鬼故事。民間流傳的鬼現象和鬼故事，引起一些文人的興趣，記錄下來，成爲「鬼筆記」。有些文人記錄鬼事時，進行了加工整理，有的還進行了再創作，遂出現最初的鬼小說。

最初的鬼小說主要是寫鬼事鬼情，以後逐漸融入作者的思想感情和社會內容，寫鬼事鬼情兼寫人事人情，明清以降，由於文網酷烈，文人們很難秉筆直書，批評寺政，抨擊奸佞，一些人遂借鬼談人，直抒胸臆，又痛快又安全。中國古代鬼小說的數量之多，內容之廣，情節之奇，在世界各國中名列前茅，這不能不說是中國文化史上的一個「奇跡」。

談鬼寫鬼的筆記小說數量很大，在此擇其要者陳列數種：

《搜神記》 東晉·干寶撰。二十卷四百六十四則，佚文三十四則。為魏晉南北朝志怪小說之代表作，內有大量鬼神精怪故事。

《搜神後記》 傳為東晉·陶潛撰。其中有一些人鬼故事和不怕鬼的故事。

《靈鬼志》 東晉·荀氏撰。已佚。魯迅《古小說鉤沉》從唐宋諸類書中輯遺二十四條。

《幽明錄》 南朝宋·劉義慶撰。已佚。魯迅《古小說鉤沉》輯遺二百六十六條。書中鬼書中鬼事較多，寫得陰森可怖。

《稽神錄》 五代·徐鉉撰。六卷，拾遺一卷，補遺一卷，共二百三十五則。內容多寫鬼故事極多，但少有恐怖者，不少幽默有情趣。首次表現了陰曹地獄故事。

《夷堅志》 宋·洪邁撰。原書四百二十卷，今存二百零七卷。為宋代最大志怪著作，內容多為神仙鬼怪，異聞雜說。後代一些話本戲曲，取材此書。

《太平廣記》 宋·李昉奉敕監修。五百卷。小說總集。引書四百七十五種。其中有大量神仙鬼怪故事。

大儺驅鬼圖　（漢墓畫像石）

《剪燈新話》　明·瞿佑撰。四卷二十篇。所寫大抵神仙鬼怪。

《斬鬼傳》　清·煙霞散人撰。十回。寫鍾馗斬鬼事。此書取諸色人等，比之群鬼，一一抉剔，活脫幽默。

《聊齋誌異》　清·蒲松齡撰。十二卷四百九十一篇，附錄九篇。所寫神仙狐鬼精魅故事，多具人情。此書影響巨大，達到鬼小說創作的頂峰。

《閱微草堂筆記》　清·紀昀撰。二十四卷近一千二百則。與《聊齋誌異》齊名。書中所寫鬼事，大抵寓以作者的世情觀念。

《子不語》　清·袁枚撰。二十四卷。續十卷。共一千則。所記鬼怪神異諸事，多採民間巷談，不加修飾，往往可觀。

《醉茶志怪》　清·李慶辰撰。四卷三百五十餘則。書中「寄情兒女，托興鬼狐」，揭露人間不平，諷刺邪惡。

《古今圖書集成·博物江編·神異典》　清·陳夢雷、蔣廷錫編輯。這一部分有三百二十卷，其中有大量鬼怪神仙資料。

鬼的觀念和形貌產生之後，鬼的繪畫也自然產生了，我們現在所能看到的鬼畫，是遠古的岩畫。如內蒙地區的岩畫（距今六千年～四千年）中，就有一骷髏畫。刻畫的是人的頭骨，線條粗放簡練，有的連臉部的輪廓都不畫出來，而是著力突出空洞的眼窩和暴突的牙齒。這種骷髏鬼至今在藏族的跳神舞蹈中還有。跳舞時舞者頭戴骷髏面具。據說骷髏神原是西藏當地的厲鬼，佛教大師蓮花生入藏弘法時，將厲鬼煮成骷髏骨架，又將其收伏爲最底層的護法師，以守護墓地和天葬台以及指引道路爲職責。（參見劉志群〈藏戲與藏區的儺文化〉，載《中國儺文化論文選》）內蒙古和寧夏的遠古岩畫中，還有一些千奇百怪的鬼面，顯示出繪畫者異常豐富的想像力。

在漢墓畫像中，如「行儺驅鬼圖」裏，也能看到一些鬼的形象。漢代河南南陽石刻神荼鬱壘中，神荼鬱壘雖爲捉鬼神，但二位形象卻也恰似一幅鬼模樣。

鬼畫也是古代畫家喜愛的一個品種。如宋代李嵩有一幅著名的「骷髏幻戲圖」，圖面有大小二骷髏和兩個婦女、兩個小兒，表現了生死輪迴的主題。宋代佚名《搜山圖》表現二郎神率神兵神將捉拿妖精鬼怪的場面，有趣的是畫面上神兵神將的形象更像一群惡鬼。在歷代鍾馗畫中，也常伴有小鬼出現。

需要一提的是羅聘的《鬼趣圖》。羅聘號兩峰，是「揚州八怪」中最年輕的一位。他生於「乾隆盛世」，卻畫出了驚世駭俗的《鬼趣圖》。羅聘利用自己生理上的特點——眼睛生得比別人藍一些——確實「怪」，便宣稱自己的藍眼睛能看見鬼物。他說，鬼們「凡居室及都市，憧憧往來不絕，遇富貴者，則掩壁蛇行；貧賤者則拊肩躡足，揶揄百端」（俞蛟《夢庵雜著》卷七〈羅兩峰傳〉）。於是，他便把惟有自己能看見的「鬼」畫成了《鬼趣圖》。在當時的京城裏，裱成長卷的《鬼趣圖》轟動一時，羅聘以自己的一雙怪眼和一卷怪畫，成為名符其實的「八怪」之一。

《鬼趣圖》一共八幅。畫面分別為：滿紙煙霧，隱約看見些離奇的面目肢體；一短褲尖頭的胖鬼急步先行，另一戴纓帽的瘦鬼跟在其後；一衣著華麗、面目可憎的「闊鬼」靠近一紅衣女鬼作昵語狀，一拿扇白帽無常在一旁傾聽；一矮鬼扶杖蹻地，一紅衣小鬼給他捧著酒缽；一長腳綠髮鬼伸出長手作抓拿狀；兩個一面跑一面慌張回顧的小鬼，後面是一大頭鬼；風雨中一鬼打傘急走，前面有個先行的鬼，還有兩個鬼腦袋在傘旁出現；楓林古塚中，兩千白骨骷髏在說話。

《鬼趣圖》在當時受到了廣泛歡迎，袁枚把羅聘引為同調，曾為《鬼趣圖》題詩道：

我纂鬼怪書，號稱《子不語》；
見君畫鬼圖，方知鬼如許！

知此趣者誰？其惟吾與你。
畫女須畫美，不美城不傾；
畫鬼須畫醜，不醜人不驚！
美醜相輪迴，造化為丹青。

㈤鬼戲

鬼也與中國戲曲結下了不解之緣。

中國的戲曲源於古代的巫和巫儀。巫，古代稱能以舞降神之人，在商代地位很高。《說文解字》卷五：「巫，祝也。女能事無形，以舞降神者，像人兩袖舞形。與工同意。」《書・伊訓》：「敢有恒舞於宮，酣歌於室，時謂巫風。」傳曰：「事鬼神曰巫。」疏曰：「巫以歌舞事神，故歌舞爲巫覡之風俗也。」歌舞是巫覡（女巫、男巫）們祭神、降神、樂神、求神的主要手段，可以說他們是中國最早的「演員」。

巫覡爲驅鬼敬神、逐疫去邪、消災納吉所進行的宗教祭祀活動，稱爲儺或儺祭、儺儀。《周禮・夏官・方相氏》載：

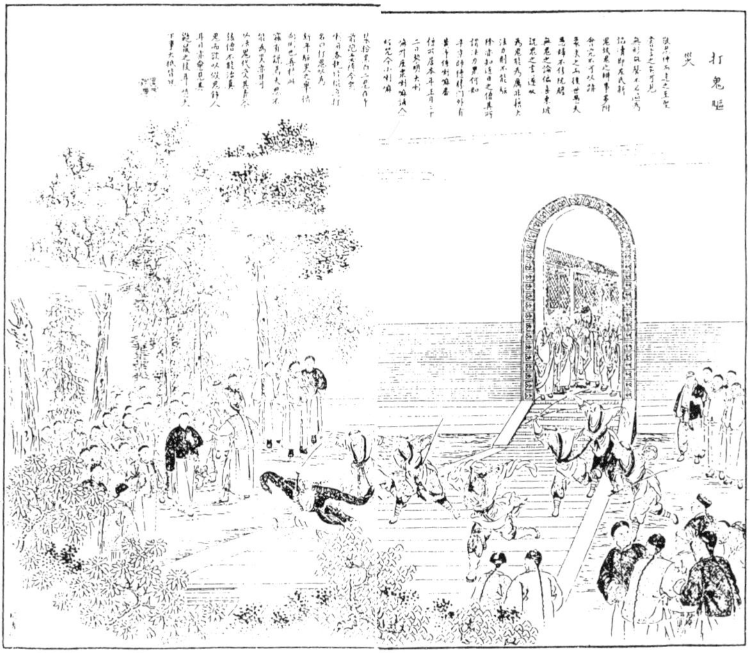

打鬼驅災（清）

> 方相氏掌蒙熊皮，黃金四目，玄衣朱裳，執戈揚盾，帥百隸而時難（儺），以索室毆疫。大喪，先柩；及墓，入壙，以戈擊四隅，毆方良。

是說舞儺者都化了裝，戴著面具，搜索宮室，跳躍呼號，以驅逐疫鬼，消災免禍。喪儀時，舞儺者還要跳進墓穴，驅除惡鬼方良。

這場神鬼交戰雙方的陣容也很可觀，在《後漢書‧禮儀志》中列有甲作、胇胃等十二獸和殉、虎等十惡鬼，在張衡《東京賦》中則列有魑魅、女魃等十二惡鬼。從商周至漢唐，方相氏帥百隸事儺驅疫的場面很大。到了宋代，方相、十二獸已從儺祭中消失，但儺舞大為發展。南宋·孟元老《東京夢華錄》卷十載：

至除日，禁中呈大儺儀，並用皇城親事官。諸班直戴假面，繡畫色衣，執金槍龍旗。教坊使孟景初，身品魁偉，貫全副金鍍銅甲裝將軍；用鎮殿將軍二人，亦介胄，裝門神；教坊南河炭醜惡魁肥，裝判官；又裝鍾馗、小妹、土地、灶神之類，共千餘人。自禁中驅祟出南薰門外，轉龍灣，謂之「埋祟」而罷。

儺儀中出現裝扮鍾馗之類（多為教坊優伶裝扮）作戲劇表演，是古代儺儀在內容上的重大轉變。而儺戲正是在儺祭、儺舞的基礎上演變起來的，儺戲是演員頭戴面具（又叫「臉子」、「鬼腦殼」）的一種宗教戲。由於其原始古樸，被人們稱為中國戲劇的「活化石」。儺祭與儺戲雖然有了驅鬼內容，正如南宋釋道隆在《大覺禪師語錄》中一詩中所云：

戲出一棚川雜劇，
神頭鬼面幾多般。
夜深燈火闌珊甚，
應是無人笑倚欄。

超渡孤魂　（清）

但儺戲還稱不上是「鬼戲」，眞正的鬼戲是被譽爲「戲祖」或「戲娘」的《目連救母》——目連戲。

目連救母故事源於《佛說盂蘭盆經》、《佛說目連救母經》、《盂蘭盆經》中關於目連救母的故事很簡單，全經不過一千七百餘字。到了敦煌變文中的《目連緣起》、《大目乾連冥間救母變文》和《目連變文》，才豐富複雜了。這一佛教故事傳入中國後，便不斷改變面貌日益中國化了，並摻入了不少非佛教內容。目連救母劇情主要有四個部分：一、富翁傅相的修行與積善；二、其妻劉氏青提遣子傅羅卜（後被佛祖賜佛名「大目犍連」，簡稱「目連」）經商、開葷破戒、侮謾僧道；三劉氏入地獄受苦，目連往西方求佛祖救母；四目連下地獄尋母，尋遍十殿，後在佛祖幫助下，母子相見，同上天堂。

目連戲是連台大本鬼神戲，是配合農曆七月十五佛教盂蘭盆會和道教「皇醮」超渡亡魂而進行的，長的可演七天七夜。由於演出時間很長，所以其間插入許多其他宗教戲、忠義戲、小戲，如《封神演義》、《東周列國志》、《精忠傳》、《雪山成聖》（釋迦牟尼成佛）、《觀音得道》、《王婆罵雞》、《尼姑思凡》、《大鋸缸》等，還有許多雜技、百戲表演，驚險熱鬧。明末清初張岱在其所著《陶庵夢憶·目連戲》中，記載了當時演出的盛況：

> 余蘊叔演武場搭一大台，選徽州旌陽戲子剽輕精悍、能相扑跌打者三四十人，搬演《目連》。凡三日三夜。四圍女台百什座。戲子獻技台上，如度索舞絙、翻桌翻梯、觔斗蜻蜓、蹬罈蹬臼、跳索跳圈、竄火竄劍之類，大非情理。
>
> 凡天神地祇、牛頭馬面、鬼母喪門、夜叉羅剎、鋸磨鼎鑊、刀山寒冰、劍樹森羅、鐵城血　，一似吳道子《地獄變相》。為之費紙札者萬錢。人心惴惴，燈下面皆鬼色。戲中套數，如《抬五方惡鬼》、《劉氏逃棚》等劇，萬餘人齊聲吶喊。熊太守謂是海寇卒至，驚起，差衙官偵問。余叔自往復之，乃安。

舞台上出現的眾鬼和地獄情景，從勾臉、造型、神態到捉鬼方式，都給人以強烈的陰森、怪異與恐怖感，觀眾是既喜歡看又怕看，越怕越想看！

目連戲的恐怖場面層出不窮，僅以「趕吊」為例。這段戲叫《金氏上吊》，演的是金氏三十六歲尚未生男，遂施釵向佛求子。其夫疑她與和尚有奸情，百般拷打。金氏受委屈後去上吊，有幾個吊死鬼爭搶她作替身。吊死鬼們黑眼黑嘴，額上兩道白、兩道紅，從額上拖至胸前似長舌，頭上披著黑散髮，髮兩邊有黃、白紙錢拖下，頸掛草繩，紅衣袒胸，腰繫短裙，兩手各拿一把明香。

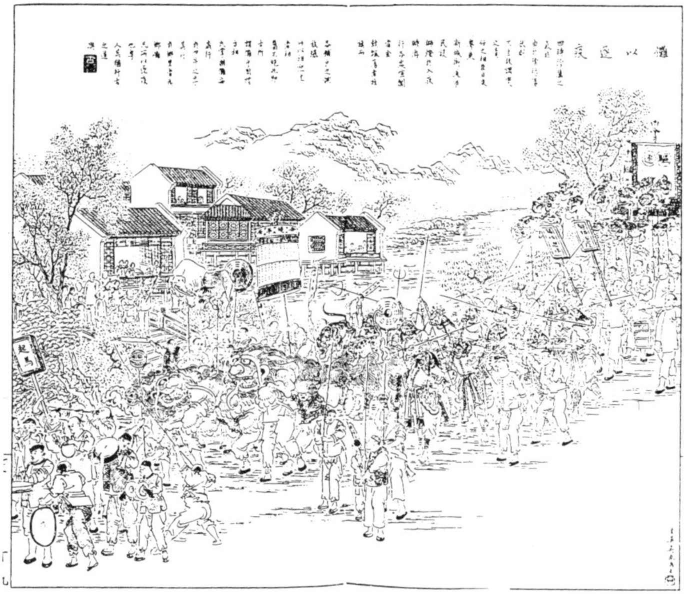

儺以逐疫（清）

因為金氏受屈不該死，這時就有普化（雷神）和猖神從台內衝出，舉著鋼鞭趕打吊死鬼。在台上追幾圈後，相繼跳下台。頓時台下觀眾齊聲吶喊，舉起桃木棍、竹帚、叉矛打鬼。一直要追出村外很遠地方。趕吊時萬人吶喊，數里外聽到也會毛骨悚然，鄰村人也恐懼不敢出門，惟恐遇到逃竄的「吊死鬼」不吉利。這種眾人齊喊，逐鬼打鬼的情景，其實是與遠古時的儺祭驅鬼場面一脈相承的。

目連戲中的一些單本鬼戲，如《男吊》、《女吊》、《調無常》也可單獨演出，成爲折子戲。在浙江一帶流傳的宗教祭祀戲「醒感戲」中，有著名的「醒感九殤」：《逝女殤》、《溺水殤》、《孝子殤》等，「殤」是指因非正常原因而早死的人，醒感戲是爲超度鬼魂、祈求太平而演出的，與宗教儀式「忏蘭盆」、「水陸道場」緊密結合在一起，也有一些「趕鬼」、「調鬼」、「祭鬼」的場面。如《精忠殤》中閻王派無常、小鬼、牛頭馬面等去捉拿秦檜之妻王氏，王氏從台上跳下，衆鬼卒從後面追趕，此時台上放起火炮，敲鑼打鼓，號角齊鳴，台下衆人吶喊，與目連戲的趕鬼是一樣的。

鬼魂在我國古代戲曲舞台上得到了充分的表現，在現存的一百六十餘種雜劇中，出現過鬼魂的竟多達六七十種，有些劇鬼魂還成爲全劇的中心。比較有名的如元代劇作《倩女離魂》、《神奴兒》、《盆兒鬼》、《碧桃花》、《生金閣》，明代劇作《墜釵記》、《鉢中蓮》、《畫中人》、《西園記》、《紅梅記》等，有的戲中如《生金閣》，雖然有無頭鬼手提頭顱追打仇人的情節，但總的來說，遠不如目連戲恐怖强烈。

㈥鬼節

正像世上活人要過年過節一樣，鬼也有自己的節日——鬼節，這自然也是人們安排的。主要的鬼節有清明節、盂蘭盆節（中元節）、地藏節等。

1.清明節

清明是鬼世界的大節日。清明是掃墳祭祖的日子，同時要祀野鬼，民間稱其爲「鬼節」、「冥節」，與七月十五、十月初一總稱「三大冥節」。

一般在清明節前三天內，家家戶戶就要給祖墳掃墓，俗稱「上墳」。上墳的儀式也很隆重，要準備好香燭、經卷，八碗湯菜，三牲（魚肉豆腐）米飯數碗，四副杯筷，一壺黃酒。先拔除墳上野草，修葺墳墓，擺好供品香燭，燒紙錢，放鞭炮，按長幼順序磕頭，用小竹竿挑起白幡插上墳頭。最後，還要把飯菜撒一些在周圍，以示布施無人祭奠的餓鬼。

中元節道場風俗

除在上墳祭祖時順便祀野鬼外，人們還要在村外、水口、三岔路口燒紙錢祭祀野鬼，以使孤鬼幽魂得到安慰，不再傷害人。過去城裏有大規模的野祀活動，是日人們抬著城隍像，敲鑼打鼓到城外祭祀無主孤魂。祀孤魂本是封建王朝規定的地方政府的一項職責。城隍的開道馬牌上寫著「奉旨祀孤」四個大字，表示奉人間皇帝的旨意行事。祀孤由巫師主持儀式，擺好香燭供品，讀祭文，燒紙錢，還要當場殺一口豬上供，這是古代最高祭禮「血祭」。孤魂野鬼得到了飽食錢財，又是城隍老爺出面慰勞，自然不敢再爲非作歹了。城隍爺祭祀野鬼後，神像要換上黑袍，背身退著抬回廟去。他的眼睛一直在緊盯著這些野鬼呢！

2.七月十五。七月十五又叫鬼節，是比清明節更隆重而熱鬧的鬼節。

七月十五這一天，同是道教和佛教的節日，即中元節和盂蘭盆節。《乾淳歲時記》：「七月十五日，道教謂之中元節，各有齋醮等會；僧道則以是日作盂蘭盆齋。而人家亦以此日祀先。」

中元節是道教三元大帝（三官）之一地官的誕日，天官賜福，地官赦罪，據說這一天是地官赦罪清虛大帝稽查生死簿之日，道觀要舉行齋醮大會，濟渡孤鬼。盂蘭盆節是佛教節日，「盂蘭盆」爲梵文譯音，意爲「解救倒懸」。據《盂蘭盆經》載，目連見死去的母親在地獄受苦，如處倒懸，求佛祖超渡解救。釋迦牟尼讓其在七月十五僧眾安居終了之日，備百味果實，供養十方僧眾，方可使母解脫。目連照辦，遂救出其母。從南朝梁武帝時起，佛教徒據此興起盂蘭盆會，是日各寺廟念經渡鬼。

俗傳七月初十（或說十二日）開「鬼門關」，各家之死鬼均放歸各家，與家人共聚，所謂「冥府開禁，鬼魂過年」，「七月半，鬼亂竄」。各家於此時設酒饌，燒袱紙，祭奠祖先。「

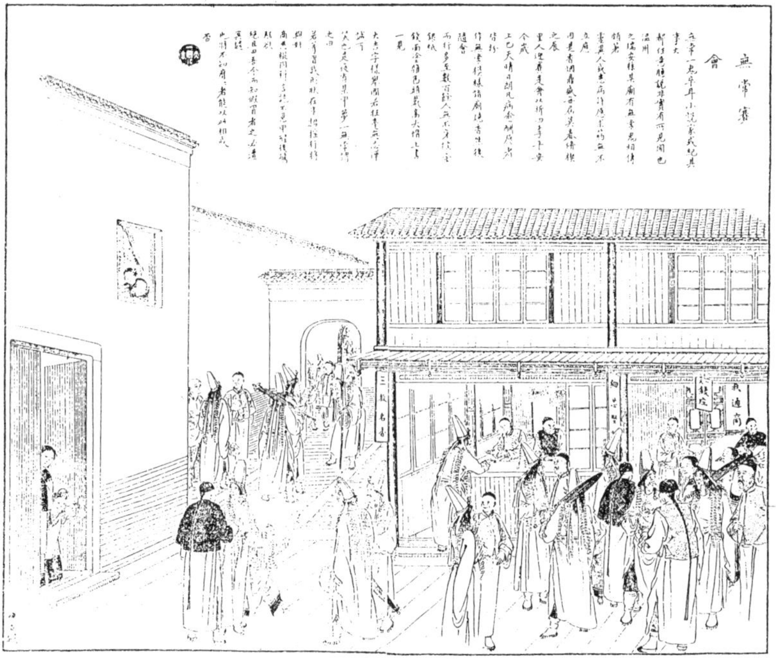

無常賽會　（清）

袱紙」即紙錢成疊封好，上寫收受人、化帛者的姓名、封數、日期。燒化袱紙，爲使冥間鬼魂收到冥錢。有些地區還要集資給廟裏辦盂蘭盆會，無論多窮，也要拿出份子錢，因爲怕的是：「普度不出錢，瘟病在眼前。普度不出力，矮鬼（無常）要來接。」（胡樸安《中華全國風俗志・閩人佞鬼風俗記》）

這一天，城隍廟做道場，放河燈——替鬼照路。最熱鬧的是城隍出巡，巡遊街道收鬼以及「賞孤」——爲無後嗣的孤魂野鬼燒紙錢、送寒衣、潑水飯。

七月十五又俗傳此日「鬼門」關閉，各家還要施孤送孤，用紙扎成花盤，上放紙錢供果，口中唸唸有詞，告慰送別亡魂野鬼，然後端到屋外燒掉。

七月十五的鬼節融匯儒、釋、道於一爐，在祀鬼濟鬼的外表中，體現著「孝」和「仁」的內涵。

3.地藏節。俗傳農曆七月三十日是地藏王的誕日。這一天要在街巷地上及居家的庭院內，遍插棒香並點燃蠟燭，叫做「地燈」。在地藏王殿聚集各地信徒酬願燒香，席草露坐，俗稱「坐夜」。另要燒紙祭野鬼，共慶地藏王生日。這天一般不祭祖先。

4.十月朔。十月朔即農曆十月初一。這一天除家祭外，還要祭野鬼，與清明、中元節一樣，也要抬著城隍神像出巡祀孤鬼，並「送寒衣」給鬼過冬。

祭掃祖墓時，於墳前焚燒紙糊竹扎的衣服鞋帽，謂冬季來臨，天氣日冷，要爲陰間的鬼魂送衣取暖，故名送寒衣。此俗流行甚早，南宋孟元老在《東京夢華錄》中即記述了這種風俗。明劉侗、于奕正《帝京景物略》卷二〈春場〉載云：

> 十月一日，紙肆裁紙五色，作男女衣，長尺有咫，曰寒衣。有疏印緘，識其姓字輩行，如寄書然，家家修具夜奠，呼而焚之其門，曰「送寒衣」。新喪，白紙為之，曰新鬼不敢衣綵也。送白衣者哭，女聲十九，男聲十一。

後來，又演化爲把衣服式樣刻板印於紙上，簡便多了。清·張英《淵鑒類函》稱：「時俗刻板爲男女衣狀，飾文五色，即以出售，農民竟以（十月）初一日鬻去，焚之祖墳，名曰『送寒衣』。」

中國的鬼現象和鬼文化，是中國傳統文化中的重要組成部分，是現實社會生活的折射和補充，它曲折地反映了人們對眞、善、美的追求和人們的喜、懼、哀、怨，在某種程度上表達了中國民眾的眞情實意。我們研究中國的鬼文化，爲的是更深入地了解我們的民族，有所揚棄，不斷進步，努力提高中華民族的文明程度！

華夏諸神——鬼神卷

一　地藏王

地藏王　閔公　道明　　(清)

地藏是最後加入四大菩薩的行列的，與觀世音不同，地藏菩薩主要是救度地獄中所有的「罪鬼」，而觀音菩薩則以救度世間衆生爲主，二位各有分工。

這位菩薩何以叫「地藏」？「地藏」是梵文 Ksitigarbha的意譯，音譯「乞叉底蘗婆」。「地」，指大地；「藏」，指儲藏、存有。這是說他如同大地一樣，含藏著無數善根種子。《地藏十輪經》稱其「安忍不動猶如大地，靜慮深密猶如地藏」，前句取一「地」，後句取一「藏」，故名「地藏」。地藏有一美稱：「大願地藏」，與文殊的「大智」、普賢的「大行」、觀音的「大悲」比較起來，毫不遜色。

(一)地藏菩薩之大願

按佛教說法，地藏菩薩受釋迦牟尼佛的托付，在釋迦寂滅後、未來佛彌勒下世前這一段「無佛世界」裏，擔當起教化六道眾生的重任，國不可一日無主，其職務相當於「代理佛」，地位和權勢極高，如同佛陀。《地藏本願經》又說，釋迦佛召地藏大士，令其永爲幽明教主，使世人有親者，皆得報本薦親，共登極樂世界。地藏受此重托，遂在佛前立下大誓願：「爲是罪苦六道眾生廣設方便，盡令解脫，而我自身方成佛道。」說是一定度盡六道（地獄、餓鬼、畜生、阿修羅、人間、天上）眾生，拯救眾苦，直到地獄完全撤空，關門大吉，再沒有任何一個「罪鬼」受苦，自己才同意成佛。地藏的大願，倒有點「只有解救全人類，最終才能解救自己」的味道。

地藏菩薩的大願不可謂不崇高，可惜，按佛教的說法，六道輪迴永無休止，地獄哪有「關門」那一天？所以，地藏菩薩堪稱「大願」。

因其被佛陀封爲「幽明教主」，所以他捨棄了燦爛光明的天界，手持寶珠、錫杖，自願進入昏慘苦惱的地獄，超度「罪眾」靈魂，做著沒完沒了、永無盡期的教化工作。

地藏的打扮與其他菩薩有些相同，除通常菩薩形象外，還有剃和尙頭的地藏菩薩，因其被附會爲新羅王子金喬覺和目犍連，故地藏多男身男相。

地藏的坐騎是一頭有點像獅子的怪獸。這頭地球上根本不存在的動物，有個雅稱：「諦聽」，又叫「善聽」。諦聽神通廣大，《西遊記》第五十八回說：

「原來那諦聽是地藏菩薩經案下伏的一個獸名。他若伏在地下，一霎時，將四大部洲山川社稷，洞天福地之間，贏蟲、鱗蟲、毛蟲、羽蟲、昆蟲、天仙、地仙、神仙、人仙、鬼仙，可以照鑒善惡，察聽賢愚。」連玉帝、觀音都無法分辨的假猴王，諦聽趴在地上一聽，就察聽出來了，因陰曹地府無力擒拿，不敢說破，最後還是打發二猴去如佛那裏，才了結了這段官司。

同文殊、普賢乃至觀音的來歷一樣，因其不是歷史人物，所以有了幾種不同說法。

(二)地藏的來歷

地藏來歷有以下幾種說法。

(1)大願地藏。如前所說，受命於佛陀入滅之際，出任「代理佛」，兼任幽明教主。

(2)本為婆羅門女。婆羅門為印度古代社會中最高貴的種性，婆羅門女自然也是高貴女子。《地藏菩薩本願經》說：有一婆羅門女，「其母信邪，常輕三寶（指佛、法、僧）」，不久命終，「魂神墮在無間地獄」。婆羅門女知母在地獄受苦，遂變賣家宅，獻錢財於佛寺供養。受覺華定自在王如來指引，遊地獄，見鬼王無毒，求得母親得脫地獄。婆羅門女醒來方知夢遊，便在自在王如來像前立弘誓願：「願我盡未來劫，應有罪苦眾生，廣設方便，使令解脫。」釋迦佛告訴文殊說：「婆羅門女者，即地藏菩薩是。」

(3)地藏前身為目犍連。《三教搜神大全》卷七載有此說：

相傳王舍城傳羅卜，法名目犍連，嘗師事如來，救母於餓鬼群叢，作盂蘭勝會，歿而為地藏王。以七月三十日為所生之辰，士人禮拜。或曰：今青陽之九華山地藏是也。

目犍連簡稱目連，為釋迦牟尼十大弟子之一，被稱為「神通第一」。目連救母的故事十分著名，遠比婆羅門女救母名聲大，大概因二人都曾遊歷過地獄，又都將地獄中受苦的母親解救了出來，推而廣之，「老吾老，以及人之老，幼吾幼，以及人之幼」，他們二位被附會為拯救地獄諸苦的幽冥之主。但按佛教的說法，目連最終只修得羅漢身。目連後遭橫死，根本沒能當上菩薩。（請參見《佛教諸神・目連》）

(4)地藏是為金蟬子。《歷代神仙通鑑》卷十五中，太上老君對神仙們說：「（西域）王君愍及幽冥，欲救眾生於三惡道中，發大慈悲，身投十地，托生新羅國，為葉氏子，自幼出家，聖名守一，借老佛之法門，作陰司之寶筏。」舉手向地藏曰：「欲知王君，只此便是。」地藏合掌躬身。老君復謂曰：「君當爲幽冥教主，作東土佛家首領，無庸謙讓也。」地藏稱謝，眾仙方悟爲金蟬子也。

顯然，這是道家爲抬高自己而貶低佛家的說法，既然佛祖都能爲老子所「化」，地藏更不在話下，在老君面前當然得俯首貼耳了。

以上諸說儘管或多或少有些影響，但都遠不如「地藏爲金喬覺」的說法影響深遠。

(三)新羅王子為地藏

金地藏　（清）

金喬覺生於唐武則天萬歲登封元年（六九六年），死於唐德宗十年（七九四年），享年九十九歲，這在當時是超凡入聖的壽命。據說他是朝鮮半島新羅國第七代國王金理洪的兒子，金理洪死時，金喬覺才六七歲，由其叔父金興光承襲王位。可能是金喬覺小小年紀厭倦宮內生活，看破了紅塵，「自幼好道出家」（《九華山志》）。

正如金喬覺〈酬惠米〉詩中所說：「棄卻金鑾納布衣，修身浮海到華西。」他拋棄了舒適的宮廷生活，涉海來到中國，他選中了安徽九華山，趺坐在東崖岩上，苦行修煉。這時他雖已六十歲，但身體異常健壯，「項聳奇骨，軀長七尺，而力倍百夫。」（唐·費冠卿《九華山化城寺記》）金喬覺終日坐禪誦經，超度眾生。後被山民諸葛節發現，大為感動，於是到處募捐，「近山之人，聞者四集」，郡守張岩也施捨大量錢財，建成寺廟。張郡守還表奏朝廷，為新寺贈匾曰「化城寺」。

金喬覺成了化成寺祖師以後，仍苦行篤修，深為信徒敬仰。金喬覺學識淵博，能寫一手好詩，《全唐詩》中即收有他的詩作。據說李白漫遊九華山時，曾與金喬覺有過一段交往。李白寫的「賴假普慈力，能救無邊苦」（《地藏菩薩傳》），據傳是贈給金喬覺的。

金喬覺去世後，葬於神光嶺的月身寶殿，俗稱「肉身塔」。因其生前篤信地藏菩薩，而且傳說其容貌酷似地藏瑞相，人們便說他是地藏菩薩轉世。因其姓金，故稱「金地藏」，又因其原為王子，故又稱「地藏王」。「金地藏」的名稱來源尚有另一說。據《宋高僧傳》、《重增搜神記》等稱，金喬覺「趺坐函中，遂沒（歿）為地藏王」，過了三載，「開函視之，顏色如生，舁之，骨節俱動，若撼金鎖焉，隨（遂）名金地藏。」

金喬覺被附會為地藏菩薩轉世，正如布袋和尚契此被說成是彌勒佛轉世一樣，完全是宗教的需要，信徒們的需要。佛經中的地藏菩薩儘管被描繪得無比崇高偉大，但畢竟是看不見，摸不著，有些虛無縹緲。如今把九華山當成地藏顯化說法的道場，與其他三大菩薩道場一樣，是把佛教天國世俗化，縮短人、神之間的距離，使千萬信徒更有眞實感、親切感、虔誠感，可與菩薩們直接「對話」，深受廣大信徒歡迎。佛門弟子及其理論家們何樂而不爲呢？

㈣九華山地藏道場及其「肉身塔」

北京西山佛牙塔中的佛牙，陝西扶風縣法門寺的佛指骨，北京雲居寺雷音洞、五台山大白塔等地的佛舍利，在信徒們心目中是崇高無比的佛寶，如能親睹一眼，即爲三生有幸，認爲見到了釋迦牟尼的這些遺留，就如同親眼見到了佛祖一般，當然無比榮幸。同樣，布達拉宮內裝有達賴肉身的金靈塔，極受藏族同胞的崇拜。九華山的「肉身殿」自然也聞名遐邇，備受善男信女們敬仰。

肉身寶殿，俗稱「肉身殿」，又稱「肉身塔」，座落在神光嶺（老爺頂）上，爲佛教徒朝謁九華聖地的主要場所。這裏因主供地藏菩薩，故與一般佛寺不同。第一重爲靈官殿，相當於山門。靈官本爲道教護法神，被請來這裏守護地宮冥府。靈官共有三位：王靈官、馬靈官、趙靈官。靈官殿之後爲十王殿，供十殿閻羅。地藏因爲幽冥教主，級別又是高級菩薩，故地位在閻王爺們之上。這裏的地藏像與衆不同，身軀高大，骨瘦如柴，是其苦修生活的眞實寫照，這在地藏造像中可謂獨一無二。地藏居正中首位，兩廂十殿閻王皆王袍冠冕，順序而坐。案前有各式小塑像，表現「生死輪迴」和種種地獄。可惜，「掃四舊」中，十王殿被人放了一把大火燒掉了。

再往上即肉身寶殿。金喬覺圓寂，三年後開缸安葬，據說其遺體綿軟，顏貌如生，撼其骨節有金鎖般響聲。這些特徵，就是所謂菩薩應世。於是建立三級小浮圖供奉。又傳說塔基在夜晚放光，稱爲「圓光」，此地亦被稱爲「神光嶺」。明朝萬曆年間，朝廷賜金擴建，並賜名「護國肉身寶塔」。三級石塔，外築高殿、木塔籠護。

肉身殿的殿頂十分奇特，全部由鐵瓦覆蓋。殿臺平台下，有陡峻的石階八十四級，取「九九八十一」再加三級之數。宋代詩人陳清隱寫詩道：「八十四級山頭石，五百餘年地藏墳」。塔北門廊下有一副對聯，寫著地藏菩薩的大願：

眾生度盡，方證菩提；
地獄不空，誓不成佛。

農曆七月十五日傳爲地藏生日，七月三十日則是其成道日。逢這兩天，成群的朝拜信徒蜂擁塔下，膜拜上供，有些虔誠的善男信女還要通宵達旦地「守塔」，繞塔誦經。

九華山的地藏殿中，地藏王的兩旁還塑有兩位脅侍，這二脅侍是父子倆，父親本爲此地山主，叫閔公。據說閔公樂善好施，請地藏赴齋，地藏向閔公求一袈裟大的地盤，作爲棲息之所。閔公當然答應。不料地藏將袈裟一抖，竟將全山罩住了，所以九華山成爲地藏道場。後閔公父子皆出家，成爲地藏左右脅侍。

唐代，九華山成爲地藏道場以後，至明清兩代達到鼎盛。當時建有佛寺三百餘座，以祇園、東岩、萬年、甘露四寺爲著，號稱「九華四大叢林」。全山擁有僧尼五千，朝山香客年達數十萬。如今尚存寺廟七八十座，佛像一千五百餘尊，成爲著名的旅遊勝地。

九華山上還有一座肉身塔，即摩空嶺上的百歲宮，明朝大歷年間，河北宛平僧海玉（法號無瑕禪師）在此結茅而居，活了百餘歲而逝，死前囑弟子三年後啓缸。屆時海玉跏趺坐於缸中，顏面與生時無異，遂將肉身裝飾爲金像，建塔供奉。後擴建百歲宮，無瑕和尚的肉身移至殿內供奉，崇禎帝封其爲「應身菩薩」。無瑕禪師肉身至今保存完好，顯示了中國古代高超的防腐技術。

二　東嶽大帝

過去東嶽廟、天齊廟遍布中國大地，廟內所供主神東嶽大帝在民間極有影響。這位被認爲掌管人類貴賤和生死的大神，其祖廟即在東嶽——泰山。

泰山爲五嶽即東嶽泰山、南嶽衡山、西嶽華山、北嶽恆山和中嶽嵩山之首。泰山神東嶽大帝是山峰的神化和人格化，源於古人自然崇拜中的山川崇拜。在世界各地的原始宗教中，差不多都有崇拜大山的現象。遠古人們看到山峰高大雄偉，陡峭險峻，山中多奇禽猛獸、珍花畢單，具有很大的神祕性。認爲大山皆有神力，是神人和怪獸居住的地方。《禮記‧祭法》云：「山木川谷丘陵，能出雲，爲風雨，見怪物，皆曰神。」我國古代很早就有祭祀山神的習俗，認爲天子祭祀天地五嶽，可以「五穀豐，雷雨時至，四夷貢物」（《重修佛書集成》卷三）。

泰山，又名岱宗，被譽爲「五嶽獨尊」。《孟子》說：「登泰山而小天下。」杜甫〈望嶽〉詩中亦云：「會當凌絕頂，一覽眾山小。」可見泰山名氣之大。其實，泰山主峰玉皇頂不過高一千五百四十五米，在五嶽中位居第三，與全國的巨山高峰相比，更是小巫見大巫。泰山的崇高地位，與歷代帝王在此封禪告祭直接相關。

封禪，是中國古代統治者舉行的一種隆重祀典。「封」爲祭天，「禪」（音善）爲祭地。帝王們在泰山上築土爲壇祭天，極天之功（封），在泰山下的梁父闢場祭地，報地之功（禪）。《大戴禮》稱：「封泰山而禪梁甫（父）。」據說在泰山舉行過封禪大典的有七十二個帝王，尤以秦始皇、漢武帝最爲隆重。雖然封與禪的儀式同時進行，但封的儀式要重於禪，在統治者看來，天比地更重要。

東嶽大帝　（清《三歷寶鈔》）

泰山神最終成爲東嶽大帝，經歷了一個長期演變過程。《風俗通義》記載了一個傳說：泰山上有金篋玉策（冊），上面寫著人的年壽長短。漢武帝「探策得十八，因倒讀八十，其後果用者長。」漢武帝是歷史上有名的好神求仙的皇帝，有不少仙話都安在了他身上，他在泰山上找到玉策並非實有其事，但他在位五十四年，終年七十一歲，確實長壽。

以後泰山進一步人神化，被說是「天孫」——天帝之孫。他的功能是「主召人魂魄」，因爲「東方，萬物始成，知人生命之長短」（《緯書集成・孝經援契神契》）。進而又成了「泰山府君」，「府君」本是漢魏時對太守的尊稱，這裏用作對泰山神的尊稱。人們還給泰山府君安排了子女。府君被看成是專門治鬼的神，他統領「群神五千九百人，主治生死，百鬼之帥也」，他所掌管的陰曹地府也有如人間的官府，民間流傳很多泰山府君的故事。

東晉干寶的《搜神記》中即收有幾則泰山府君的傳說。卷四〈胡母班）講泰山人氏胡母班，一天被召見去地府宮室中見泰山府君。府君請他給女兒女婿（河伯）代送書信，胡母班遵囑圓滿完成了任務，他在府君那裏受到款待。上廁所時，忽然見到父親帶枷和一大幫人作苦役，上前詢問方知父親死後即在此處受苦。父親請兒子向泰山府君求情。胡母班向府君苦苦哀求，泰山府君終於答應免了胡父的苦役。書中還說泰山府君的四兒子有個非常要好的朋友，看見自己已死的妻子在陰間被縛受刑，十分難過，就懇求泰山府君相救。他回到家裏打開棺蓋一看，亡妻已經生還。

由於泰山神被說成是執掌人世臣民貴賤高下之分、祿科厚薄之事、地獄各案簿籍、七十五司生死修短之期，權勢極大，所以受到歷代統治者的崇拜，唐玄宗封其爲天齊王，宋眞宗封其爲仁聖天齊王，後又加封爲東嶽天齊大生仁聖帝，成爲東嶽大帝。所以他的祀廟稱東嶽廟、天齊廟。

東嶽大帝被道教吸收後，給他編排了一份光彩的履歷，說他是開天闢地的盤古之後裔，母親彌輪仙女夜夢呑二日，覺而有娠，生下二子，長金蟬氏，後成爲東華帝君，次曰金虹氏，後成爲東嶽帝君。還說他有五子一女，第三子炳靈王最有出息，女兒即大名鼎鼎的泰山娘娘碧霞元君。在著名的神魔小說《封神演義》裏，武成王黃飛虎後被姜子牙封爲東嶽大帝，總管天地人間吉凶福禍，執掌幽冥地府一十八重地獄，凡一應生死轉化人神仙鬼，俱從東嶽勘對，方可施行。

佛教的陰間理論和閻羅王傳到中國後，與東嶽大帝爲首的中國陰間諸神逐漸合流，二位主冥大神常並供於東嶽廟中。儘管閻王爺後來在中國民間影響極大，深入人心，但還是壓不過東嶽大帝。在東嶽廟中，東嶽大帝作爲十殿閻王的上司，端坐在正殿中央。

東嶽廟成千成萬，祖廟則爲泰山之岱廟。因泰山古稱「岱宗」，故泰山廟即岱廟。岱廟坐落在泰山腳下的泰安城內，始建於漢，爲歷代帝王封禪泰山、舉行大典之廟。爲宮殿式建築群，舊有殿、堂、閣、門、亭、樓、觀、廊八百餘間，黃瓦朱牆，古木參天，氣宇軒昂，宏偉壯觀。岱廟主殿爲天貺殿，巍然聳立於高大露臺之上，露臺上圍以雕花石欄，正面有石階。此殿是帝王舉行祭祀大典的場所。殿分九間，重檐八角，彩繪斗拱，莊嚴華麗。殿內供東嶽大帝神像，肅穆端坐，莊重安祥，身著袞袍，手持圭板，冕冠九旒，儼然帝王。

東嶽大帝　（清）

天貺殿內東、西、北三面牆上畫有巨幅彩繪壁畫——《啓鑾回蹕圖》，傳爲宋代作品，實爲清初重繪。壁畫高有一丈，總長十九丈，描寫東嶽大帝出巡返回的盛況，共畫有六百九十七位人物，場面浩大，氣勢磅礴，爲宗教壁畫之傑作。

天貺殿與北京故宮的太和殿、曲阜孔廟的大成廟，並列爲我國古代三大宮殿式建築；岱廟又與北京故宮、曲阜三孔、承德避暑山莊和外八廟，並稱我國古代四大建築群。

天貺殿後還有後寢宮，是所謂東嶽大帝夫人住的地方。

除泰山東嶽大帝祖廟岱廟外，北京朝陽門外的東嶽廟（元建）、山西晉城高都鎮東嶽廟（傳爲唐建）、山西蒲縣柏山東嶽廟（金建）、河南新鄉東嶽廟（五代時後唐建）、河南封丘縣陳橋驛東嶽廟（宋建，傳爲趙匡胤「皇袍加身處」），以及陝西西安市的東嶽廟（宋建），都很有名。

三　碧霞元君

爲了滿足婦女特別是人們生子欲望的需要，人們修建了成千成萬的娘娘廟。以北京爲例，過去的娘娘廟有四十來座，總數排在關帝廟、觀音廟、土地廟、眞武廟之後，名列第四（關帝廟、觀音廟數字十分接近，可並列第一）。

娘娘廟中供奉眾多的娘娘，主要有王母娘娘、天妃娘娘（媽祖）、九天玄女娘娘和泰山娘娘等。

泰山娘娘又叫碧霞元君，全稱是天仙聖母碧霞元君。「元君」是道教對女仙的尊稱。碧霞元君在北方尤其華北最受崇拜，因爲她的「老家」在山東泰山。

關於碧霞元君的來歷有如下說法：

㈠**她的前身是玉女**。據說漢朝時，宮中一座殿內有金童玉女雕像，到了五代，大殿塌圮，金童風化，玉女則掉進池中。宋朝時，眞宗到泰山封禪，來到池邊洗手，忽然冒出一個石人。眞宗派人撈出，洗乾淨一看，正是玉女雕像。於是眞宗下令在泰山建祠供祀，以其爲聖帝之女，因而封爲「天仙玉女碧霞元君」。

碧霞元君　（清）

明朝時將碧霞元君祠擴建升格爲碧霞靈佑宮，清朝時又改回。（清・張爾岐《蒿庵閒話》）

㈡**碧霞元君本是黃帝手下的一個仙女**。據說黃帝建岱嶽觀時，曾派七位仙女，雲冠羽衣，迎接西崑崙眞人。其中一位仙女隨眞人刻苦修行，終於得道，成爲碧霞元君。（《古今圖書集成・

神異典》卷二十一）

㈢**明·王之綱《玉女傳》**引**《玉女卷》說**。漢明帝時有個大善人叫石守道，他的太太金氏生了個女神童，慧穎無比；三歲知人倫；七歲通曉諸法，日夜禮拜西王母；十四歲得曹仙長指點，入泰山黃花洞修煉、道成飛升，做了碧霞元君。

㈣**明刊《靈應泰山娘娘寶卷》**（共有兩卷二十四品）**說**。泰山娘娘（在寶卷中又被稱做「聖母娘娘」）本是西牛賀洲升仙莊金員外的夫人黃氏所生，三歲吃齋，七歲悟道。皇帝召她為妃，不去，而到泰山隱居修行。父母追到泰山，她堅持不歸。在泰山修行三十二年得道成仙，玉皇大帝封她為「天仙玉女碧霞元君」，永鎭泰山。泰山娘娘為百姓送子賜福，醫病救人，並勸人行善，成為護國佑民的大神。

另一部明刊寶卷《天仙聖母源流泰山寶卷》（共五卷二十四品）與上述寶卷內容大同小異，只是把「天仙聖母」泰山娘娘的出身升了格，說她是皇上的女兒千花公主。

㈤**道教稱碧霞元君是泰山神東嶽大帝的女兒**。《三教源流搜神大全》卷一〈東嶽〉中云：「帝一女：玉女大仙，即岱嶽（泰山）太平頂玉仙娘娘是也。」碧霞元君又多了一個稱號：玉女大仙或玉仙娘娘。

以上諸說認為碧霞元君為東嶽大帝之女的說法最為流行。

碧霞元君自然與其「父」東嶽大帝一樣，源於山神崇拜。這位山神的女性化和在北方的興盛繁旺，與明清時期北方民間信仰和民間宗教中的女神崇拜密切相關。

明清時期的許多祕密宗教源於白蓮教，其基本信仰已由源於佛教淨土宗的彌勒信仰，轉變爲無生老母信仰，並概括爲「無生老母，眞空家鄉」八字眞言，影響極大。（請參閱〈無生老母〉一節）碧霞元君這位女神同無生老母一樣，也成了受苦受難百姓們心目中的慈母，難怪民間並不管碧霞元君塑像那副年輕的容貌，而大都稱其爲「老奶奶」、「泰山老奶奶」。透過這種極其親切的稱呼，使人確乎看到了人們對泰山女神有如對老祖母般的親密與信賴！難怪當年明代山東巡撫何起鳴登上泰山之巔後，親眼看到了「四方以進香來謁元君者，輒號泣如赤子久離父母膝下者」時，無比感慨（《岱史》卷九〈巡撫都御史何起鳴宣諭〉）。明朝宰相王錫爵於萬曆二十二年（一五九三年）在《東嶽碧霞宮碑》中亦稱：

> 齊魯道中，頂齋戒彌陀者聲聞數千里，策敝足茧而猶不休，問之，曰：「有事於碧霞。」問故，曰：「元君能為眾生造福如其願。」貧者願富，疾者願安，耕者願歲，賈者願息，祈生者願年，未子者願嗣，子為親願，弟為兄願，親戚交厚，靡不交相願，而神亦靡誠弗願。

無生老母被統治者視爲洪水猛獸，嚴加禁絕；但碧霞元君因沾了泰山這一封禪聖地的光，得到了統治者的承認。在有些地區，碧霞元君的香火甚至超過了東嶽大帝。

碧霞元君爲何又做了送子娘娘呢？原來，「泰」字在《易經・泰卦》內表示「天地交而萬物通」之意，故人們附會爲婦女生子之意。又說她「岱居本位，其色惟碧，東方主生，一本乎坤元資生萬物」，就是說這位女神滋生萬物，主生，所以民間又把她視爲「送子娘娘」。

泰山的碧霞元君祠在極頂南面，宋代創建，明清均有增修。山門內正殿五間、殿瓦、鴟吻等均爲銅鑄。殿內正中供奉明代銅鑄碧霞元君像，東西配殿供奉送生、眼光二神銅像，廟內還有明代銅碑。這組高山建築以銅鑄鐵，玲瓏精巧，國內罕見。

北京四方都建有碧霞元君廟，分別叫「東頂」、「南頂」、「西頂」、「北頂」。妙峰山金頂四月初一開廟時，人聲鼎沸，熱鬧非凡。當年，慈禧太后曾經爲其子同治皇帝載淳祈求發痘平安，令廟裏先等她進香後再開廟，這叫「燒頭香」。儘管如此，碧霞元君還是沒能救得載淳性命，他最終仍然發痘而亡。

四　閻王

過去有一種十分流行的迷信說法：這個世界分爲三個空間，即天間、人間和陰間。天間是玉皇大帝和佛祖爲首的神佛們的樂園，人間世俗中成仙得道、修行到家者也能上去。但世俗中的絕大多數並沒有這種福氣，死後都得去陰間報到。陰間的最高主宰，則是東嶽大帝、地藏王和閻王。其實，要論知名度和威嚴，東嶽帝和地藏王在民眾中的影響，遠遠趕不上閻王。俗話說：「閻王叫人三更死，誰敢留你到五更！」請看，閻王爺何等厲害！

東嶽大帝雖被安排爲閻王的上司，但這不過是名義上的，大權是掌握在閻王手裏，就像今天有些國家的女王、天皇與首相的關係一樣。同樣，地藏王的地位雖比閻王要高，但他是個「拿橄欖枝」的角色，專管教化，不像「拿大棒」的閻王爺一樣令人膽寒。

閻王和陰間信仰來自外來的佛教，它們所以能很快爲中國民眾所接受，並產生巨大影響，亦與中國古代傳統的鬼魂迷信有直接關係。

地獄閻王殿（清《點石齋畫報》）

㈠中國古代的鬼魂信仰

在原始先民時代，人們對於死亡無法正確認識。當時，人們還不能區分醒時的感覺和夢中的幻覺，把夢當成實有其事，認爲有一種可以離開身體的「魂」，能在夢中進行各種活動，等到魂回到身體裏，人也就醒了。

一個人死了，別的人也認爲他（她）是「睡」著了，只是他（她）的魂離開了身體不再回來了，成了「鬼魂」。對於做夢和死亡這些生理現象的無知，產生了鬼魂信仰。《禮記・祭法》說：「人死曰鬼。」《說文解字》亦謂：「人歸爲鬼。」更早的「鬼」字，也是和人的死亡聯繫在一起的，甲骨文的「鬼」字，形象是臉上蓋著一個東西的死人；或形象爲頭大身小，鬼頭鬼腦的畸形人，形貌醜惡。這些都說明古人迷信人死後肉體雖會消滅，但還有不死的靈魂——鬼存在著。另有一說，圖形文字的「鬼」，爲頭戴猛獸樣面具、屁股上繫著獸尾，在蹣跚作舞的形象。但不知此圖形文字見於何時何處，聊備一說。

北京周口店的山頂洞人爲死者放置赤鐵礦粉末，隨葬有石珠、骨墜、有孔獸牙等裝飾品，即爲鬼魂崇拜的具體表現。進入奴隸社會，人們爲死者修建墳墓，大量隨葬各種生活用品，奴隸主還要人殉、馬殉，這是皆爲了供死者在另一個世界裏「生活」。這另一個世界就是所謂陰間。

佛教傳入中國以後，中國傳統的鬼魂信仰與佛教的因果報應、輪迴轉生觀念相結合，使陰間的地獄之說產生巨大影響。

(二)佛教地獄之說

地獄是梵文Naraka（那洛迦）的意譯，就是指陰間（地下）的大獄。又譯作「不樂」、「可厭」、「苦具」、「苦器」等，但都比不上譯作「地獄」形象生動。

地獄爲佛門所謂「十界」中之最惡者。十界依次爲：佛、菩薩、緣覺、聲聞、天、人、阿修羅、畜生、餓鬼、地獄。前四者稱爲「四聖」，後六者稱「六凡」、「六道」。四聖是已脫離生死輪迴之苦、超凡入聖的「聖者」，諸佛、眾菩薩，以及緣覺（辟支佛）、聲聞（阿羅漢）們在各種「淨土樂園」中逍哉遙哉，永遠享樂；而六道則在「穢土」中輪迴往復，沒完沒了。六道中的後三道即畜生、餓鬼、地獄，又稱「三惡道」或「三惡趣」，而地獄則爲惡道之最。

一殿秦廣王蔣（清）

佛教的地獄並非一座、幾座，其數量之多，名目之繁，刑罰之酷，都遠遠超過人間的牢獄。大致有以下幾類：

⑴根本地獄。包括八大地獄（又叫八熱地獄）和八寒地獄。八大地獄據稱在南贍部洲下面，《俱舍論》說在地下六十萬里處，深廣各六十萬里，就是說佔據空間二十一

億六千萬立方里！分別為：

1.等活地獄　罪人在此互相殘殺，涼風吹來死而復活，繼續活受罪。

2.黑繩地獄　以黑鐵繩絞勒罪人。

3.眾合地獄　以眾獸、眾刑具一同施於罪人。

4.號叫地獄　罪人在此痛楚無比，淒切悲號。

5.大叫地獄　比前獄受苦楚更甚，大聲號叫。

6.炎熱地獄　以銅鑊、炭坑煮烤罪人。

7.大熱地獄　罪人所受煮烤比前獄更甚。

8.阿鼻地獄　是梵文音譯，即「無間地獄」。凡造「十不善業」的重罪者墮入此獄，罪人在此備受諸刑，一刻不停，無有間隙，故稱「無間地獄」。「十不善業」抱括(1)殺生(2)偷盜(3)邪婬(4)妄語（虛誑語）(5)兩舌（離間語）(6)惡口（粗惡語）(7)綺語（雜穢語，語含淫意者）(8)貪欲(9)瞋恚(10)邪見。

以上八大地獄見《俱舍論》卷八，並稱這八大地獄是一層層豎著排列的。而在此八處熱地獄之外的八寒地獄，則是橫著排列的。

八寒地獄又叫八寒冰地獄，名目如下：

1.頞哳吒（意為「皰獄」）：入者身寒生皰。

2.尼剌部陀（意為「胞皰獄」）：入者身寒皰破。

3. 阿吒吒：此爲象聲，入此獄者唇舌凍僵，發出「阿吒吒」的顫聲。

4. 臛臛婆：象聲，入此獄者凍得口發「矐矐婆」寒顫聲。

5. 虎虎婆：象聲，入此獄者凍得不能作聲，只喉嚨作「虎虎婆」聲響。

6. 嘔缽羅：入此獄者，身體凍裂如青蓮花。

7. 缽特摩：入此獄者，身體大折裂，如紅蓮花。

8. 摩訶缽特摩：入此獄者，骨折如白蓮花。

蓮花本爲佛教的祥瑞聖潔之象徵，佛教傳說佛祖降生前出現的祥瑞相之一，即池沼中突然長滿大如車輪的蓮花。後來佛祖從舌根生出萬道光明，每道光明都化作千葉金色蓮花，每朵蓮花上皆有盤腿坐講六波羅蜜。所以佛教中有大量的「蓮花座」式佛造像。寒冰地獄中，竟以罪鬼凍裂的身體、鮮血淋漓的慘狀，用各色蓮花相喻，實在有悖佛門教義，簡直是對聖潔蓮花的褻瀆！

二殿楚江王歷（清）

另外，《大智度論》卷十六稱，在八大地獄周圍尚有八炎火地獄，即

1.炭（火炭）坑地獄。2.沸屎地獄。3.燒林地獄。4.劍樹地獄。5.刀道地獄。6.刺棘地獄。7.鹹河地獄。8.銅（熱銅）柱地獄。銅柱地獄大約就是商紂王使用過的炮烙之刑。

(2)近邊地獄。即遊增地獄。佛教稱八大地獄的每一獄分別又有十六小地獄，以每一獄城之四面門外，各有「爐煨增」、「屍糞增」、「鋒刃增」、「烈河增」四處小地獄，四四一十六，每一獄即有十六小地獄。八大地獄共計有一百二十八小地獄（遊增地獄）。「遊增」者，謂有罪業之眾生，遊此獄，會倍增苦惱。也有的佛書稱八寒冰八炎火合爲十六小地獄。《大智度論》卷十六稱：「如是等種種八大地獄，復有十六小地獄爲眷屬，八寒冰八炎火，其中罪毒不可見聞。」

(3)孤獨地獄。又叫孤地獄。「孤」者，沒有定處，單個存在，據稱有八萬四千之多。分布在山間曠野，樹下水上。《俱舍頌疏》卷十稱：「餘孤地獄各別業招，或多或少，或二或一，所止差別多種，處處不定。或近江河山邊曠野，或在地下空及餘處。」

(4)十八層地獄。又叫十八地獄、十八室獄、十八重地獄。這是世俗最熟悉的地獄名稱。《法苑珠林》說，閻羅王爲地獄主，有臣佐十八人（即俗謂判官），分別主管十八層地獄。早在南朝時已有十八層地獄的說法流行，而且流傳到邊遠地區。《梁書・諸夷傳・扶南國》云：「其後西河離石縣（在山西西部）有胡人劉薩何，遇疾暴亡，……經十日更甦。說云：『有兩吏見錄，向西北行，不測遠近，至十八地獄，隨報重輕，受諸楚毒。』」

佛教有一部《十八泥犁經》，「泥犁」爲梵語，即地獄。故此經又名《十八地獄經》。一卷。經中述說十八層地獄受苦之慘狀及壽命之長遠。十八層地獄名目如下：⑴泥犁地獄；⑵刀山地獄；⑶沸沙地獄；⑷沸屎地獄；⑸黑身地獄；⑹火車地獄；⑺鑊湯地獄；⑻鐵床地獄；⑼嗑山地獄；⑽寒冰地獄；⑾剝皮地獄；⑿畜生地獄；⒀刀兵地獄；⒁鐵磨地獄；⒂冰地獄；⒃鐵𠕋（册）地獄；⒄蛆蟲地獄；⒅烊銅地獄（「烊」爲焚燒）。

尤需指出的是，十八層地獄不但刑罰殘酷惡毒，令人談虎色變，而且刑期無限。《地獄經》稱，第一層地獄以人間三千七百五十年爲一日，三十日爲一月，十二月爲一年，罪人在此的刑期是一萬年，這還是陰間年歲，換算成人間年歲，則等於一百三十五億年！（須知地球的壽命不過還有五十億年）還有更邪乎此的，從第二層地獄開始，都要比前一獄痛苦二十倍，時間則翻兩番。如此算來，第二獄要服刑二萬年，相當於人世五百四十億年。到了第十八層地獄，受罪的時間會有多長？二十三億億億年以上！這是一個不可想像的巨大天文數字。難怪人們要說：打入十八層地獄，叫他永世不得翻身！

三殿宋帝王余（清）

其實，佛教地獄之說並不限於我們所處的地球，比如說八大地獄在地下六十萬里處，而據現代科學得知，地面至地球中心，不過一萬三千里，即使把地球穿透，也不過二萬六千里，八大地獄往哪裏放？再者，地核的溫度高達攝氏三千度至五千度，不要說什麼肉體，連堅硬的岩石都成了熔化的液體，地獄的統治者閻王、判官以及眾多鬼卒如何受得了？

㈢閻王來歷

閻王，又作閻羅、閻羅王、閻魔王、焰摩羅王、琰魔等，為梵文 Yamaraja 的譯音，意譯為「縛」，縛有罪之人也。閻羅本為古印度神話中的管理陰間之王，在印度古詩集《梨俱吠陀》中即已出現。佛教吸收這種說法，稱其為陰間地獄之主。

閻羅本身又有多種含義。一曰「雙世」，即彼於世中常受苦樂二報之意（《長阿含經·地獄品》）。一曰「雙王」，《玄應音義》說閻羅兄妹二人皆「作地獄主，兄治男事，妹理女事，故曰雙王」。又曰「平等王」，意謂法律面前人人平等，其能平等治罪。慧琳《一切經音義》卷五稱：「燭魔，梵語，鬼趣名也。義翻為平等王。此司典生死罪福之業，主守地獄八熱八寒以及眷屬諸小獄等，役使鬼卒於五趣（即地獄、餓鬼、畜生、人、天等五道）中，追攝罪人，捶拷治罰，決斷善惡，更無休息。」

還有一種說法，謂閻羅的前身爲毗沙國王。《法苑珠林》卷十二：「閻羅王者，昔爲毗沙國王。經與維陀如生王共戰，兵力不敵，因立誓願爲地獄主。臣佐十八人，領百萬之衆，頭有角耳，皆悉忿懟，同立誓曰：『後當奉助，治此罪人。』毗沙王者，今閻羅王是。十八大臣者，今諸小王是。百萬之衆，諸阿傍（鬼卒牛頭馬面之類）是。」

毗沙國王打不過對手，只好發誓，死後等著瞧！他又要當地獄之王，那數不清的各式地獄，也眞夠維陀如生王受的！

以後又有所謂十三冥王之說，此十三王實即十三佛，而且全是高級佛和菩薩，如釋迦、藥師、彌陀、文殊、普賢、觀音、彌勒等，讓這些面慈心善、大慈大悲的佛菩薩，去掌管那些陰森可怖、血淋淋的各種地獄，也太難爲他們啦。於是，繼而又出現了漢化的十大冥王即十殿閻君的說法，取代了十三冥王，並一直流傳至今。

四殿五官王呂（清）

㈣十殿閻羅

據《玉曆鈔傳》（《玉曆寶鈔》）、《閻王經》，十殿閻羅名目、職掌如下：

第一殿，秦廣王蔣。二月初一日誕辰。專司人間夭壽生死，統管幽冥吉凶。善人壽終，接引超生。功過兩半者，交送第十殿發放，仍投人世。男轉為女，女轉為男。惡多善少者，押赴殿右高臺，名曰孽鏡臺，令之一望，照見在世之心好歹，隨即批解第二殿，發獄受苦。

第二殿，楚江王歷。三月初一日誕辰。掌管活大地獄，此獄又叫剝衣亭寒冰地獄，另設十六小地獄。凡在陰間傷人肢體，奸盜殺生者，推入此獄，另發應到之小獄受苦。期滿轉押第三殿加刑發落。

第三殿，宋帝王余。二月初八誕辰。掌管黑繩大地獄，另設十六小獄。凡陽間忤逆尊長、教唆興訟者，推入此獄，另發應至幾重小獄受苦，期滿押至第四殿。

第四殿，五官王呂。二月十八誕辰。掌管合大地獄，又叫剝戮血池地獄，另設十六小獄。凡世人抗糧賴租、交易欺詐者，推入此獄，另再發小獄受苦，滿日發至第五殿。

第五殿，閻羅天子包。正月初八誕辰。這位包閻羅本居第一殿，因憐屈死，屢放還陽伸雪，降調此殿。掌管叫喚大地獄並十六誅心小獄。凡解到此殿者，押赴望鄉臺，令之聞見世上本家因罪遭殃各事，隨即推入此獄，再發誅心小獄，鉤出其心，擲與蛇食。期滿，發第六殿。

第六殿，卞城王畢。三月初八誕辰。掌大叫喚大地獄及枉死城，另設十六小地獄。凡世人怨天尤地，對北溺便涕泣者，發入此獄。再發小獄受苦。滿日轉第七殿。

第七殿，泰山王董。三月二十七誕辰。掌熱惱地獄，又叫碓磨肉醬地獄。另設十六小獄。凡陽間取骸合藥，離人至戚者，發入此獄，再發小獄受苦。期滿押解第八殿。

第八殿，都市王黃。四月初一誕辰。掌大熱惱大地獄，又叫熱惱悶鍋地獄。另設十六小獄。凡在世不孝，使父母翁姑愁悶煩惱者，擲入此獄，再交各小獄加刑。受盡苦楚，解交第十殿，改頭換面，永爲畜類。

第九殿，平等王陸。四月初八誕辰。掌管地獄中最黑暗的一座——酆都城鐵網阿鼻（無間）地獄並十六小獄。凡陽間殺人放火、斬絞正法者，解到本殿，用空心銅柱使其手足相抱，燙燼心肝，然後發阿鼻地獄受刑，直到被害者個個投生，方準提出，解交第十殿發六道。

第十殿，轉輪王薛，四月十七日誕辰。專司各殿解到鬼魂，分別善惡，核定等級，發四大部洲投生。男女壽夭，富貴貧賤，逐名開列清單，每月匯總通知第一殿註冊。凡有作孽極惡之鬼，著令更變胎卵濕化，朝生暮死。罪滿之後，再復

五殿閻羅王包（清）

人生，投胎蠻夷之地。

這套漢化的十殿閻羅是仿照人間官衙而設置的，地獄天堂、因果報應的說教更加具體形象化。不過，這套理論雖然編造得十分圓滿，但卻有些不講理。例如凡世人怨天尤地，對北大小便和涕泣者，要押到大叫喚大地獄和枉死城受苦。由於世道不好，或是天災人禍，乃至老爺們奸惡腐敗，禍國殃民，老百姓們發點牢騷何罪之有？連發點牢騷的權利都沒有，這社會黑暗得已如地獄了！而且這套理論也太不合理，太不公平。細觀地獄中無數受苦者，基本都是人間中下層人，看來，地獄也是專爲老百姓設置的！中國歷史上出現了多少昏王暴君、奸相佞臣，他們虐殺百姓、無惡不作、禍國殃民，他們本該是應下地獄的！可地獄中不曾提過一句。

當然，地獄中也關押了不少在世間作惡多端的壞人，在世上未能受到應有懲罰，即將他們打入地獄，受各種酷刑。這也曲折地反映了人們要求「善有善報，惡有惡報」的一種美好願望，雖然這願望十分天眞而可憐。

其實，漢化的十殿閻羅不過是古代人間官府衙門的翻版，只是完全「鬼」化了。人們在現實生活中很難得到公正，於是極希望陰間之主閻王爺能鐵面無私，主持正義，故隋唐以後，民間就流行某些剛正之人死後爲冥王的說法，所謂「人之正直，死爲冥官」。這些各代閻羅王不可數計，但最有名、影響廣泛者，也不過只有幾位。

㈤中國閻王

中國閻王著名者有韓擒虎、范仲淹、寇準等。韓擒虎之做閻王，見於正史《隋書・韓擒虎傳》：其鄰母見擒（虎）門下儀衛甚盛，有同王者，母異而問之。其中人曰：「我來迎王。」忽然不見。又有人疾篤，忽驚走至擒家曰：「我欲謁王。」左右問曰：「何王也？」答曰：「閻羅王。」擒子弟欲撻之，擒止之曰：「我爲上柱國，死作閻羅王，斯亦足矣。」因寢疾，數日竟卒，時年五十五。

六殿卞城王畢（清）

韓擒虎（《隋書》避唐高祖李淵之祖父李虎諱，省去「虎」字）死作閻羅王的傳說，被載入正史，可見當時中國閻羅影響之深。

敦煌變文中有一部《韓擒虎話本》，敘述了韓擒虎率兵破陣，活捉陳叔寶以及擔任和番使，以高超射藝威震單于君臣事。後五道將軍奉天符之命請韓擒虎爲陰司之王，擒虎特請假三日，隋文帝爲他舉行了盛大的告別宴會。第三日，忽有一紫衣人，一緋衣人乘黑雲來至殿前，自稱「原是天曹地府，來取大王」上任。於是韓擒虎辭別皇上諸臣及家小，到陰間走馬上任去了。

韓擒虎雖爲一員虎將，但其隊伍軍紀不佳，他做閻羅是不大合格的。

比較起來，寇準和范仲淹死後爲閻羅的傳說，要比韓擒虎理想多了。寇準是北宋名相，爲人剛正，力主抗遼，又曾在刑部任職，符合條件。在流傳極廣的《楊家將》故事中，「寇準背靴」膾炙人口，這是一位很得人心的人物，讓寇準死後爲冥主，符合人民的願望，故《宋人軼事匯編》卷五中，即有寇準「當爲天下主者，閻浮提王（即閻羅王）也」的說法，甚至有人在驛舍旁，掛起寇準圖像，上面寫著：「今作閻羅王。」（《通俗編》）寇閻羅當時受歡迎的情形，可以想見。

范仲淹也是北宋名臣，曾作過龍圖閣直學士，被尊爲「龍圖老子」。范仲淹正直敢言，不怕得罪權貴，他以「先天下之憂而憂」名垂青史。宋人龔明之在《中吳紀聞》中，記載了「范文正公（范仲淹）亦爲閻羅王」的傳說。

但古代最爲著名的中國閻王，還得屬包公包青天。包公即包拯，是北宋大臣，做過龍圖閣直學士、開封知府，以剛正敢言、不畏權貴、執法嚴峻、屢平冤獄著稱於世。包公是中國古代最著名的清官，有關他的斷案故事流行極廣，長篇公案小說《包公案》是包公斷案故事的集大成。元明時的包公戲也有不少，直到今天，《秦香蓮》仍深受人們歡迎。包拯爲閻羅的說法，在宋時就已流行，當時有句俗話：「關節不到，有閻羅包老。」

著名長篇俠義公案小說《三俠五義》中，包公審理「狸貓換太子」一案時，就有巧設森羅殿，裝成閻羅，審出郭槐口供的情節。又有所謂「遊仙枕」可去陰曹地府，故民間流傳著包拯「日斷人間，夜斷陰間」的說法。在傳統戲劇《鍘判官》中，就有包公下陰曹，探陰山，鍘了徇私的判官等情節。四川酆都民間，還流傳著包公死後做了陰曹大臣，鐵面無私，興利除弊，協助閻羅天子廢除受禮受賄之「陰律」的故事。

七殿泰山王董（清）

㈥酆都「鬼城」與蒲縣「十八層地獄」

陰曹地府和十八層地獄，是佛教的宣傳，後被道教沿用，爲了給這一說教找到理論根據，於是在中國的土地上出現了一座「鬼城」。這就是四川東部長江之濱的酆都城（豐都）。

豐都成爲「鬼城」與道教有密

切關係。這裏有座風景優美的平都山，爲道教七十二福地之第四十五福地，據東漢《列仙傳》和晉·葛洪《神仙傳》說，漢代的王方平、陰長生曾棄官來此修道，最終成仙飛升。王、陰二仙的名聲一大，招得不少仙人來此拜訪，據說麻姑來訪過王方平，但未遇，至今這裏還有她住過的「仙姑岩」、「麻姑洞」。呂洞賓也訪過王、陰二人。以後，「王陰」二仙漸被誤傳爲「陰王」，又訛爲「陰間之王」，進而豐都便成爲閻羅王主宰的陰曹地府所在地了。另外，東漢末，五斗米教在四川十分盛行。豐都在漢代屬巴郡，爲早期道教的傳習中心之一，五斗米教吸收了不少巫術，被有些人稱爲「鬼道」，道中的巫師稱「鬼吏」，早期道教信仰也是神仙人鬼混雜，這些也促成了「鬼城」的形成。於是豐都平都山的「仙氣」逐漸爲「鬼氣」所代替，一大批陰間鬼神湧入「鬼城」——鬼國京城豐都。由於《西遊記》、《鍾馗傳》等神魔小說的渲染，豐都以假成眞，自宋以來，歷代在此按陰曹地府的設想，修建了一整套建築，使鬼城更加名符其實。這裏的主要迷信名目有：

⑴**路引**。迷信宣傳，說世間人死後，幽靈必須拿著閻羅王發的「護照」——所謂「路引」，經過把守鬼門關的小鬼驗照，才能進入鬼國。然後聽從陰間政府的發落，安排「來世」。所謂「路引」，是一張長三尺、寬二尺，用黃標紙印成的，印製粗糙，成本很低。上面印有「酆都天子發給路引」，「普天之下必備此引，方能到酆都地府轉世升天」，上端爲閻羅畫像，下端有「酆都天子」、「酆都城隍」和「酆都縣府」三顆大紅印章。

舊時，人們爲了給自己留條後路，早得「超生」，紛紛購買路引，豐都的路引暢銷全國各地，甚至東南亞諸國。這對豐都的和尚姑子來說，眞是一本萬利的好買賣！

⑵**奈河橋**。　原爲明朝蜀獻王所建，叫「通仙橋」，意爲走過它便可以得道成仙。後來這三座石拱橋被叫做「奈河橋」。「奈河」，是佛教所說的地獄中的河名，《宣室志》卷四云：「（董觀）行十餘里，至一水，廣不數尺，流而西南。觀問習，習曰：『此俗所謂奈河，其源出於地府。』觀即視，其水皆血，而腥穢不可近。」

又說此河上有橋名「奈河橋」（又作「奈何橋」）。此橋險窄，惡人鬼魂過此會墮入河中，被惡鬼毒蟲所食，所謂「銅蛇鐵狗任爭餐，永墮奈河無出路」（《西遊記》第十回）。至於生前爲善者過此橋，則可順利通過，再投生爲人。如此，這座「仙橋」變成了「鬼橋」。

八殿都市王黃（清）

此橋下鑿有一池，稱「血河池」。可笑的是舊時一些善男信女到橋前燒香化紙、施捨錢物，以求死後神佛保佑過橋。僧尼們生財有道，每年香會期間，故意在青石橋面上塗滿桐油、蛋清，過橋者尤其老人小腳女人常會摔倒，於是誠惶誠恐地掏腰包給閻王爺上供，以消災免禍。

⑶鬼門關。從玉皇殿上行有一座漆黑山門，血銹般的橫匾上有「鬼門關」三個大字。傳說人死後到鬼國，必須經過這座森嚴的關口。這裏古木成林，枝條上烏鴉群群，冷風颯颯，氣氛陰森。

⑷五雲洞。在二仙樓東側，深不見底。傳說是陰長生煉丹之井，又說是陰曹地府的入口。舊時，香客常將燃著的紙錢擲入洞中，地風瑟瑟，紙錢飛旋而下，習習有聲，山僧謂是「群鬼搶錢」。

鬼城的迷信內容還有登天梯、望鄉臺、孽鏡臺等，這裏的十王殿和十八層地塑望像也很有名。

另一處享有盛名的十八層地獄塑像，是在山西蒲縣柏山東嶽廟。廟宇規模宏大，布局完整，有各種建築六十餘座。最富特色的是十八層地獄，爲表現陰曹地府，故全部建在地下，由十五孔窯洞組成（其中三孔窯洞各分爲兩層），內塑五嶽大帝、十殿閻君和六曹判官等，高與人等。另外還塑有各種鬼吏和刀山、油鍋、碾磨、鋸解等群像，總計一百二十餘軀，是我國現存寺廟中罕見的明代泥塑地獄群像。

佛教還有一種水陸畫，是寺廟裏舉行水陸道場（又叫水陸法會、水陸齋等）時懸掛的一種宗教畫。水陸道場源於印度，佛書稱：阿難嘗夜夢餓鬼向他求食，阿難遂設水陸道場，施食救度一切餓鬼。據稱始自南朝梁武帝。據說，凡被超度過的怨鬼、孤魂，皆可免罪升天，故後世盛行不衰。水陸畫每套多達上百幅，其中即有陰曹地府內容，如十殿閻羅、六曹四司判官、五道將軍、牛頭馬面、小鬼夜叉、諸種地獄等。流傳至今的山西寶寧寺的一堂明代水陸畫，共有一百三十九幅，拋開其迷信成分，本身具有極高的文物價值和藝術價值。今天一些著名寺院如北京法源寺和廣化寺、山西寶寧寺等，還珍藏著一些水陸畫。

(七)地獄黑幕

九殿平等王陸（清）

陰曹地府雖是佛道虛構的幻境，但在一些古典小說和戲劇中卻被描繪得活靈活現。著名者有《西遊記》、《南遊記》、《三寶太監西洋記》、《說岳全傳》、《聊齋誌異》、《醉茶志怪》、《鍾馗斬鬼傳》等。

耐人尋味的是，在這些作品中，森嚴冷酷的地獄並非公正無私，

十殿轉輪王薛（清）

各級陰府官吏也非明鏡高懸，而是充滿了齷齪黑暗。在《三寶太監西洋記》裏，金蓮寶象國總兵官姜老星、爪哇國咬海干、園眼帖木兒、盤龍太子和百里雁等五個鬼，為國捐軀後還在陰曹地府中被判刑，他們氣憤地大叫：「崔判官受私賣法，查理不清。」然後一擁而上，奪去了判官的筆管和生死簿，打掉烏紗帽，扯碎了皁羅袍，蹬斷了牛角帶，扒掉了皁朝靴，鬧得判官狼狽不堪。（第九十回）此即所謂「五鬼鬧判」也。就是這位崔判官，見該還陽的劉氏年輕美貌，竟將劉氏扣下，霸占為妻。（第八十七回）

在《聊齋誌異》的〈席方平〉中，席方平的父親，因仇人羊大戶在陰間買通冥吏，死後備受苦楚。席方平十分憤怒，靈魂出殼，去陰曹替父伸冤。但城隍、閻羅皆受賄包庇羊大戶，並對席方平施以坐火床燒烤、鋸解其身等酷刑，席大喊道：「受刑允當，誰教我無錢耶！」眞是有錢能使鬼推磨！席方平是條硬漢子，最後找到二郎神，告倒了閻王、城隍、判官，使他們受到了懲罰。

傳統京劇《鍘判官》中，判官張保爲開脫在人間害死人命的外甥李保，竟私改「生死簿」，讓無辜的書生顏查散代死。這個張判官是個徇私舞弊、草菅人命的贓官。鬼王、鬼頭尙且如此，那些小鬼更是肆無忌憚、爲非作歹。俗話說、「閻王好見，小鬼難挨。」這些幫凶們仗勢欺人，到處爲害。

森嚴的陰曹地府如此腐敗與黑暗，其實並不奇怪，它本來就是不公平的現實社會的折射和翻版！

五　五道將軍

北京南城虎坊橋附近有條五道街，過去這條街叫五道廟，因街內有座五道廟而得名。舊時，北京還有幾座五道廟，但與其他廟宇相比，爲數不多，名氣也不太大。

五道廟所祀神爲五道將軍。五道將軍傳說爲東嶽大帝手下的屬神。東嶽帝的屬神不少，大名鼎鼎的炳靈公、碧霞元君即是，但他們都是東嶽帝的子女。還有個溫瓊溫元帥名氣也還可以，爲道教四大天將（元帥）之一，與馬靈官、關帝、趙公明爲伍。因自古以來東嶽大帝被視爲冥司之主，泰山也被當成治鬼之府，故東嶽手下的屬神，權力也是極大的。五道將軍即被認爲司世人生死之職。《通幽記》記載了這樣一個故事：皇甫恂，字君和，唐代開元中授華州參軍，暴亡，其魂神若在長衢路中，夾道多槐樹，見數吏在打掃路面。皇甫恂問之，答曰：「五道將軍常於此息焉。」皇甫恂方悟自己已死。

不久，皇甫恂遇一貴婦人擁大蓋，乘駟馬，從騎盛眾。仔細一看，是已死去多年的叔母薛氏。皇甫恂隨叔母來到大殿，叔母讓他坐下，說：「侄兒聽過地獄吧？這裏就是。你想知道將來的官運嗎？」皇甫恂說：「想知道。」有一黃衣抱上案卷，打開一看，寫著他可當太府卿並遭貶爲綿州刺史。叔母合上案卷說：「不該讓你知道。」派二吏送他出去。皇甫恂在途中見世上一些熟人在地獄中受諸般苦。最後皇甫恂還陽，但「殮棺中，死已六日矣。恂後果爲太府卿，貶綿州刺史而卒。」

說明在很早以前，人們就把五道將軍視爲陰間之神，掌管世人生死、榮祿。唐代變文中，有個《韓擒虎話本》，話本最後講韓擒虎功成名就，忽一日不適，心神不定，「惚（忽）然十字地列（裂），湧出一人，身披黃金鏁甲，頂戴鳳翅，頭毛（牟）按三丈頭低，高聲唱諾。」這位神人即五道將軍，奉天符牒命，請韓擒虎上任，去做陰司之主即閻王爺。《水滸傳》第十五回寫活閻羅阮小七出場時的贊語道：「世上降生眞五道，村中喚作活閻羅。」這「五道」即五道將軍的省稱。《古今小說》第十五卷〈史弘肇龍虎君臣會〉中，寫司理院的厲害，有句云：「轉頭逢五道，開眼見閻王。」《金瓶梅》第二回，西門慶向王婆打聽潘金蓮的來歷，王婆取笑道：「他是閻羅大王的妹子，五道將軍的女兒。問他怎的？」

看來，在明代已把五道將軍與閻王爺相提，地位顯然超過判官，成爲閻王的第一大幫手，權力極大。在《醒世恆言》第十四卷〈鬧樊樓多情周勝仙〉中，也有五道將軍出現。這是個十分動人的愛情故事。開酒肆的范大郎之弟范二郎，與周大郎的女兒周勝仙在樊樓邂逅相遇，二人一見鍾情。由王婆撮合，范大郎與勝仙母周媽媽給二人定了婚。勝仙父周大郎歸家，聽說此事，嫌范二郎出身低賤，大罵她母女二人，周勝仙一氣之下，死絕過去，周大郎也不讓人來救，將勝仙裝殮了埋葬。

有個偷墳盜墓的朱眞，去盜周勝仙墳，勝仙醒轉過來，朱眞將其帶回家，强行姦宿。勝仙後找機會逃走，到樊樓找到范二郎。二郎以爲遇鬼，拿起湯桶向勝仙砸去，勝仙被打死。二郎被抓入獄。

夜晚，范二郎睡去，夢見周勝仙濃妝而至，二人枕席之間，歡情無限。一連三夜，勝仙臨去時道：「奴陽壽未絕。今被五道將軍收用。奴一心只憶著官人，泣訴其情。蒙五道將軍可憐，給假三日。如今期限滿了。官人之事，奴已拜從五道將軍。一月之後，必然無事。」

後盜墓的朱眞案發被抓。當案的薛孔目初擬朱眞劫墳當斬，范二郎免死，刺配牢城營。還未曾呈案，其夜夢見一神如五道將軍之狀，怒責薛孔目曰：「范二郎有何罪過？擬他刺配！快與他出脫了！」薛孔目醒來，大驚，即改擬范二郎無罪釋放。

范二郎歡天喜地回了家。後來娶了妻，始終不忘周勝仙之情，歲時到五道將軍廟中燒紙祭奠。

這裏的五道將軍，似乎可代閻羅王決定世人壽限。與閻王爺不同的是，五道將軍頗富同情心，他能成全、幫助弱者，開釋無辜，是個具有正義感的冥神。在陽間胥吏心目中，也很有權威，有點鍾馗的味道。

五道將軍本爲東嶽帝手下屬神，乃「中國產」，而閻羅王是「進口貨」，本不相干，但明清以降，東嶽主冥與閻羅主冥的兩種信仰，逐漸合流，而中國民間大概因鄉土觀念，常把東嶽大帝當成閻羅王的上司，各地東嶽廟、天齊廟神位的排列即是明證。所以，東嶽帝把五道將軍派去協助閻王爺工作，也無可非議。

還有一種說法，五道將軍乃盜神，夢之則不祥。《三國典略》載：崔季舒未遇害，其妻晝魘，云：「見人一丈，遍體黑毛，欲來逼己。」巫曰：「此是五道將軍，入宅者不祥。」

明代學者田藝蘅對此說得更明確：「今云五盜將軍，謂盜神也。」並認爲「五道」之意，出於《莊子·胠篋篇》，謂「盜亦有道，妄意室中之藏，聖也；先入，勇也；後出，義也；知可否，智也；分均，仁也。是五者，豈所謂五道耶？」

因把五道將軍視爲盜神，後又將其訛爲「五盜將軍」，並一分爲五，成爲五個强盜神。《三教源流搜神大全》卷四謂五盜將軍是南朝時宋廢帝永光年間（四六四年）的五個盜寇，分別叫做杜平、李思、任安、孫立、耿彥正。後來被大將張洪波所擒殺。死後五盜陰魂不散，又在本地作怪、偷盜。一些百姓恐於失盜，便祭告他們，「祭之者皆呼爲五盜將軍也」。以五道爲盜神，已走了樣，信仰並不流行，貓偷鼠盜之徒，遠不如掌管人間生死大權的五道將軍堂而皇之。

六 城隍

舊時，全國各地大大小小的城市裏，無一例外皆建有城隍廟。北京城在清代就有五座，包括都城隍廟、宛平城隍廟、大興城隍廟、江南城隍廟等。城隍爲城市保護神，「城隍」之「城」已很明瞭，但「隍」字何義？

(一)「城隍」之義與城市保護神

「隍」，指沒有水的護城壕。《易·泰》稱：「城復於隍。」《梁書·陸襄傳》就記載陸裏曾率城中百姓官吏一起修城隍（即護城壕），以防備敵人攻城之事。中國古代稱有水的城塹爲「池」，無水的城塹爲「隍」。據說由《周禮》蜡祭八神之一的「水庸」衍化而來。據《禮記·郊特牲》：「天子大蜡八。祭坊與水庸，事也。」鄭玄注云：「所祭八神也，水庸七。」又云：「水庸，溝也。」《陔餘叢考》卷三十五則稱：「水則隍也，庸則城也。」

故城隍是由「水庸」演化而來，由最初的護城溝渠水庸神，而爲城市守護神——城隍神。最初的城邑是由原始大聚落經多年發展而來，古人造城是爲了保護城裏人的安全，所以修建了高大的城牆、城樓、城門以及挖了城壕、護城河。《博物志》稱：「禹作城，强者攻，弱者守，敵者戰，城郭自禹始也。」夏禹時不一定已有城池，但城池卻是有防守、保護作用的。

原始崇拜認爲，凡與人們日常生活有關的事物皆有神在。而且「功施於民則祀之，能禦災捍患則祀之」（《五禮通考》）。城池與百姓生活有密切關係，有大功於民，當然得有個城神——城隍來護佑百姓。《集說詮眞》引《五禮通考》謂：「況有一物，則有一物之神，近而居室飲食，如門、井、戶、竈、中霤，尙皆有祀，矧夫高城深溝，爲一方之屛翰者哉！」

最早載於史冊的城隍廟，是三國時吳國赤烏二年（二三九年）修建的蕪湖城隍廟，迄今已一千七百餘年。至南北朝時，城隍影響漸大。《北齊書·慕容儼傳》載，一次北齊大將慕容儼奉命鎭守郢城（今河南信陽縣南），慕容儼剛入城，梁朝大將侯瑱和任約就帶領大軍將郢城團團圍住。

梁軍久攻不下，見齊軍常通過城外河道運送糧草，便在上游的鸚鵡洲上用荻葦連成數里封鎖線，以塞船路。於是郢城成了一座孤城，眼看糧草已絕，城中軍民不由恐慌起來。慕容儼聽說：「城中先有神祠一所，俗號城隍神，公私每有祈禱。」於是有了主意，便「順士卒之心，乃相率祈請，冀獲冥佑。」說來也巧，不久刮起狂風，驚濤洶湧，陣陣巨浪將封鎖的荻葦全部沖走。梁軍又以鐵鏈封鎖江面，不料暴雨頻仍，江水猛漲，封鎖又成泡影。

圍在城中的北齊軍民認爲這是拜城隍的「靈驗」，城隍爺在顯靈，頓時士氣大振。慕容儼藉以鼓動，帶領軍隊殺出城去。齊軍勇不可擋，以一當十，大敗梁軍。自此，城隍爺威名遠揚，從南方逐漸擴充到北方。到了唐代，城市經濟空前發達，商業十分繁榮，城隍信仰更爲普遍，各城鎮紛紛建廟供奉。

城隍　（清）

佛教有陰間地獄之說，地獄爲「六道輪迴」之一。六道即天、人、阿修羅、畜生、餓鬼、地獄。人們相信人死後要在陰間生活，陰間和人間一樣，是由陰間的閻王及各級官吏管理著。道教也利用佛教的陰間地獄之說。城隍影響日顯，道教即將其納入道神系統，以其爲翦惡除凶、護國保邦之神。稱他能應人所請，旱時降雨，澇時放晴，以保穀豐民足。道教又以城隍爲管領亡魂之神。道士們作道場建醮「超度亡魂」時，要發文書「知照」城隍（稱「城隍牒」），才能「拘解」亡魂到壇。

《太平廣記》卷一百二十四〈王簡易〉就記載了唐代王簡易見城隍爺的傳說：「唐洪州司馬王簡易者，常暴得疾。腹中生物如塊大，隨氣上下，攻擊臟腑。伏枕餘月。一夕，其塊逆上築心，沈然長往。數刻方寤，謂所親曰：初夢一鬼使，自稱丁郢，手執符牒云：『奉城隍神命，來追王簡易。』某即隨使者行。可十餘里，方到城隍廟。門前人相謂曰：『王君在世，頗聞修善，未合身亡。何得遽至此耶？』尋得見城隍神，告之曰：『某未合殂落，且乞放歸。』城隍神命左右將簿書來，檢畢，謂簡易曰：『猶合得五年活，且放去。』」此事雖荒誕不經，但可證明清代學者俞樾的說法：「唐時城隍之神已主冥籍，如今世所傳矣。」

(二)城隍的人神化

因城隍是人們心目中的陰間長官，故各處城隍常以人鬼充之，即去世的英雄或名臣，把他立爲當地城隍，希冀他們的英靈能同生前一樣，護佑百姓，打擊邪惡。下面介紹幾位著名的城隍爺。

(1)會稽城隍龐玉

龐玉爲唐初大將，死後被會稽（浙江紹興）百姓奉爲城隍神。據宋・陸游《嘉泰會稽志》云：「城隍顯寧廟，在子城內臥龍山之西南。自昔記載，皆云神姓龐，諱玉。按《唐書・忠義傳》，實龐堅四世祖也。京兆涇陽人，魁梧有力，明兵法，仕隋爲監門直閣。李密據洛口，寢逼王都，玉以關中銳兵屬王世充擊之，百戰不衄（敗）。煬帝崩，乃率萬騎歸唐，爲越州總管，除梁州都督，召爲監門大將軍。卒贈工部尚書、幽州都督。初，玉鎮越，惠澤在民。既卒，邦人追懷之，祀以爲城隍神。」

(2)南寧、桂林城隍蘇緘

據《宋史・蘇緘傳》載，蘇緘乃宋仁宗時進士，曾協助狄青大敗邕州（今廣西南寧）的僞「大南國皇帝」儂智高，立下戰功。後蘇緘任邕州知府。交趾入侵，蘇緘身先士卒，英勇奮戰，率全城官吏軍民固守凡四旬。終因寡不敵衆，城破後蘇緘全家自焚殉國。宋神宗賜謚「忠勇」。後交趾人又進攻桂州（今廣西桂林），忽見宋朝大軍從北而來，大呼曰：「蘇城隍督兵報怨！」交趾軍驚恐萬分，四散逃去。於是南寧和桂林百姓修廟建祠，將蘇緘立爲城隍神。

(3)杭州城隍周新

周新是廣東人，爲人「廉明剛直，鋤强伸枉」，明朝永樂年間任浙江按察使。這是一位難得的清官、硬漢子。他不但使貴戚震懼，被誣陷後竟敢在皇帝面前大聲爭辯，不愧爲「生面冷鐵周公」。《明史》卷一百六十一〈周新傳〉載：錦衣衛指揮使紀綱使千戶緝事浙江，攫賄作威福。（周）新欲按治之，遁去。頃之，新賫文冊入京，遇千戶涿州，捕繫州獄，脫走訴於（紀）綱，綱誣奏新罪。帝（明成祖朱棣）怒，命逮新。旗校皆錦衣私人，在道榜掠無完膚。既至。伏陛前抗聲曰：「陛下詔按察使行事，與都察院同。臣奉詔擒奸惡，奈何罪臣？」帝愈怒，命戮之。臨刑大呼曰：「生爲直臣，死當作直鬼！」

清乾隆時杭州人陳樹基編集了《西湖拾遺》一書，其中收有〈周按察折獄成神〉。小說載有周新一些斷案事及被誣而冤死經過，後成祖朱棣悟其冤枉，十分懊惱。一日，忽見一人紅袍立於日中，成祖大聲呵叱，紅袍者遂答道：「臣浙江按察使周新也，奉上帝命，以臣忠直，敕爲浙江城隍之神，爲陛下治奸臣貪吏。」於是周新成爲杭州城隍神。有詩讚道：

威靈赫耀浙東西，正直無私莫與齊。
寒鐵至今稱冷面，生前死後庇南黎。

(4)上海三城隍

上海有座著名的城隍廟，今闢爲豫園商場。一般廟中只有一位城隍神，但上海城隍廟卻有三位。第一位是漢朝的大將軍霍光。因此廟前身是金山神廟，廟中原供奉霍光。金山廟改爲城隍廟後，不便把霍光神像請出去，便讓他坐進了第一殿。

第二位是河北省大名府人秦裕伯。據《上海縣志》載：「上海城隍乃秦裕伯，字景容，直隸大名府人。元末避地揚州，轉徙上海。明太祖洪武二年（一三六九年），應召起爲代制。後知隴州，卒。順治十年（一六五三年），海寇犯縣治，王總兵誣民通賊，周巡撫惑其說，將俟雞鳴縱戮。是夕，周見裕伯神降，搖首數四，遂釋。」

秦裕伯三百年後顯聖，驚住了周巡撫，避免了一次大屠殺，上海市民感激這位客居本地的救命恩人，把他立爲上海城隍也是理所當然了。

第三位是清末愛國將領陳化成。陳化成原爲福建水師提督，多次重創英國侵略軍，被稱爲「陳老虎」。後調防上海，任江南提督。一八四二年六月十六日凌晨英國砲艦進攻吳淞口，陳化成親臨西砲臺指揮應戰，兩小時內擊沉敵艦八艘。後因兩江總督牛鑑先和東砲臺守將臨陣逃脫，造成陳化成孤軍奮戰，最後這位年近七旬的老將領同八十餘部屬，全部壯烈犧牲。上海人民爲紀念陳化成，將其塑像請進城隍廟內，享受人們的拜祭。

(5)北京城隍楊椒山

據明·馮應京《月令廣義》說，燕都（北京）的城隍是文天祥，後爲楊椒山。楊椒山亦同周新一樣，是明朝難得的正直大臣。據《明史》本傳云，楊椒山即楊繼盛，椒山爲其號。河北容城人，嘉靖年間進士，任兵部員外郎。因彈劾權奸嚴嵩十大罪狀，被逮下獄。

明代詔獄由皇家特務機關錦衣衛掌管，是聞之色變的人間地獄，折磨殘害了無數正直官員。楊繼盛受刑之前，有友人偷偷送他蚺蛇膽，服之可以忍痛。楊繼盛笑而推辭道：「椒山自有膽，何蚺蛇爲！」屢受酷刑後，體無完膚。夜半疼醒後，打碎瓷碗，用碗碴將腐肉割去，「肉盡，筋掛膜，復手截去」。當時連那些殺人不眨眼的劊子手也看得膽戰心驚，「執燈顫欲墜」，而楊繼盛卻「意氣自如」！

三年後，楊繼盛被昏君和奸臣所害，年僅四十。臨刑賦詩曰：

浩氣還太虛，丹心照千古。
生平未服恩，留作忠魂補。

這首絕命詩「天下相與涕泣傳頌之」。

(6)城隍紀信

紀信，成紀（今甘肅天水）人，是楚漢相爭時劉邦手下的一員大將。紀信以「滎陽誤楚，身殉漢皇」而載於史冊，《史記》、《漢書》都有其事。當初，楚霸王項羽兵圍滎陽，眼看漢王劉邦要做俘虜，紀信毅然請命扮作漢王，乘車直出東門，從而巧妙掩護劉邦由西門逃出。紀信被項羽認破後，被項羽活活燒死了，因而贏得了「漢代孤忠」的美名。

宋人趙與時《賓退錄》說，「城隍神之姓名具者，鎮江、慶元、寧國、太平、襄陽、興元、復州、南安諸郡，畢亭、蕪湖兩邑，皆謂紀信。」蘭州城隍亦為紀信。

此外，蘇州祀春申君，濟南祀楊景文，福州、江陰為周苛，和州為范增，襄陽為蕭何，臨江、南康等地為灌嬰，鄂州為焦明，台州為屈坦……不可盡述。

㈢朱元璋與城隍

土地爺在明代的香火很旺，它們的「長官」城隍爺也大走鴻運。據《明史·禮志三》載：朱元璋建國伊始，即洪武二年（一三六九年）正月封京都及天下城隍。朱元璋曾對中書及禮官曰：「城隍神歷代所祀，宜新封爵。」於是封京都城隍為「承天鑒國司民升福明靈王」，開封城隍為「顯聖王」。臨濠城隍為「貞祐王」，太平城隍為「英烈王」，和州城隍為「靈護王」，滁州城隍為「靈佑王」。秩正一品。就是說這六位城隍王是除了皇帝以外，在百官中級別最高，與太師、太傅、太保「三公」和左右丞相平起平坐！難怪朱元璋命令封在全國各藩國的親王要親自主祭城隍神，各府、州、縣就更不用說了，皆要由當地最高長官知府、知州、知縣來主祭。

明太祖朱元璋還封各府城隍爲「鑒察司民城隍威靈公」，官級爲正二品，與吏、戶、禮、兵、刑、工等六部尙書平級。各州城隍爲「靈佑侯」，秩三品，與六部左、右侍郎平級。縣城隍爲「顯佑伯」，秩四品，與都察院的僉都御史、大理寺的左右少卿平級。

接著，朱元璋下令建京城都城隍廟，神像爲木雕像，塗以丹漆，「字塗以金，旁飾龍紋」。迎神像入廟時，「用王者儀仗，帝（太祖朱元璋）親爲文以告」。（《續文獻通考·群祀考》）又詔天下府、州、縣重建城隍廟，規格高廣要與當地的官署正衙相同，甚至連「几案」皆同。這樣，各地政府就有了「陰」、「陽」兩個衙門。城隍王、城隍公、城隍侯及城隍伯，按照它們的級別，配制冕旒袞服。明太祖還命令詞臣專門撰製文章來頌揚城隍。

朱元璋大封城隍爺，它們的級別甚至遠遠超過了當地最大的官僚，朱皇帝如此抬舉城隍，自有他的道理。朱元璋曾對大學士宋濂透露過心裏話：「朕立城隍神，使人知畏，人有所畏，則不敢妄爲！」他還公開宣稱：「朕設京師城隍，俾統各府州縣之神，以鑒察民之善惡而禍福之，俾幽明舉不得倖免。」說穿了，大肆鼓吹神鬼的威力，不過是震懾臣民，爲我所用。說到底，神權還得聽命於皇權。

(四)城隍廟與城隍迷信

城隍廟正殿一般正中爲城隍爺，兩旁分列判官、牛頭、馬面、黑白無常等鬼卒，顯得十分陰森可怖。有些大城隍廟所祀神鬼很雜，除主神城隍以外，還有不少其他神明。如廣東省東莞縣的城隍廟，就十分著名。《新修東莞縣志》卷十八稱此廟是朱元璋敕封，命其「調燮陰陽，統轄神祇，糾察善惡，主判生死，以彰報應。」

東莞城隍除主祀城隍爺、城隍奶奶以外，還祀什麼城隍少爺、城隍小姐！其他雜神多達七八十位。女神有九天玄女、華岳夫人、金花夫人、十二奶娘等；陰間鬼王有地藏王、閻羅天子、十殿閻羅王、包公等；此外尚有北帝、佛門六祖禪師慧能、華光大帝、齊天大聖孫悟空、趙玄壇、急腳先鋒、轉運將軍、勤善太師、救苦天尊、都土地，甚至還有媒公、媒婆，眞是五花八門、琳瑯滿目！像個雜貨鋪。

城隍 判官 牛頭 馬面 （清）

民間對城隍神非常迷信，主要有以下一些活動。

⑴**住廟祛病**。百姓中有很多人信

巫不信醫，若有病就去城隍廟求籤或占卦，解籤者常稱病人受了「邪魔」，病人要住進廟裏。認爲住進廟裏，「邪魔」就不敢接近，病人自然會痊癒。不過廟裏不能白住，有的至少得掏十塊大洋。

(2)**審夜堂**。即請城隍爺晚上開堂審鬼。屆時有幾個男巫，其中一個當「迷魂」（即請城隍降身），其餘的則唸經。城隍「降身」後，被迷的男巫就假稱是城隍，坐堂開審。起初勸告「鬼」將病人的魂魄放回，並代病者說和。如「鬼」答應了，則許下花船、金銀紙、路票等。如「鬼」不答應，假城隍進行種種恐嚇，再不然作作手勢，說是「收了它」。

(3)**發路票**。凡人在異鄉去世，招魂及運靈柩回原籍時，必須到城隍廟去領路票，拿了路票才能引魂回籍。不然就成了異鄉鬼。

(4)**燒王告**。所謂「王告」，就是老百姓有不平事欲伸冤屈而寫的狀子。有冤者寫好狀子，送到城隍爺前焚燒，那麼城隍老爺就可以替他「伸冤」了。

(5)**鎮壓災疫和求雨等**。當地發生瘟疫或其他流行病時，要抬出城隍像出遊，鎮壓鬼魅，保護地方太平。大旱時，四鄉農民則到城隍廟去求雨。

(五)城隍出巡

城隍廟中常有兩尊城隍像，一座是泥塑的，是永遠不動的；還有一座是木雕的，爲了抬著出巡的。木製城隍像是大木偶，關節還安上機關，能立能坐，大小與眞人一樣。

城隍出巡是舊時十分熱鬧的迷信活動。一般在每年的春、秋、冬三季各一次。春季定於清明節，名爲「收鬼」。此時正值耕播，四季繁忙，爲免鬼魅危害百姓，特出城「緝拿」，因之城內。有的地方是在清明之前，認爲城隍爺老早就喜歡出來逛逛，這個年頭就會平安無事。秋季定在七月十五，稱爲「訪鬼」。專查屈死鬼魂，當面「受理申訴」，平反冤假錯案，使屈死鬼早入「輪迴」。冬季定於十月初一，稱作「放鬼」，此時農事已完，放出眾鬼出城散散心，無甚大害，云云。

府、縣城隍因級別不同，除衣帽有別，最明顯的是府城隍坐十六人抬的大轎，而縣城隍是八人抬，儀仗旗牌也減半，但聲勢、氣氛，都很森嚴。城隍出巡都在清晨，道士擊雲牌三下，廟門外燃放萬頭長鞭，先後將城隍及夫人木像抬入轎內，府城隍轎爲藍色，縣城隍爲青色，城隍夫人爲彩色。

城隍隊伍浩浩蕩蕩，長達數里。最前列爲「肅靜」、「迴避」各八面虎頭木牌。鳴鑼，喊「道子」開路。隔十餘步，爲白底鑲紅邊的二十八面大旗，上面分別繪有青龍、白虎、雲鷹、熊羆、太極八卦、日月星辰等。再後爲六十四執事（儀仗），所執兵器有刀、槍、矛、戟、金瓜、月斧、朝天鐙等。接著是四郊組成的大鼓隊共四五十面，鼓聲齊鳴，驚天動地。再後爲該府所轄各縣百姓所送的「香山」、「香塔」、「香傘」和萬民傘、萬民旗等。之後爲民間走會雜耍，如中幡、杠箱、五虎棍、高蹺、秧歌、耍壇子、耍獅子、跑旱船等。

河南等地還有一種叫「抬閣」、「肘閣」的民間技藝。所謂「抬閣」，是以五歲以下兒童扮演戲劇人物，或立或坐於特製的木箱中，四周圈以紅綠彩綢作欄杆扶手，由四個棒小伙抬著，稱之「抬閣」。將化裝好的幼童下身綁在兩米多高的鐵棍或碗口粗的竹竿上，由一個大力士高舉著，叫做「肘閣」。還有騎在肩頭或背在脊背的，叫做「背閣」。這些幼童有些是老年得子；有些是數世單傳或「拴娃娃」而求得的；也有多病或因病臨危，向城隍求保病，許願達到了「靈驗」而還願的。幼童們所扮的人物有八仙、白蛇青蛇等。

在民間雜耍之後，是全城各寺院道觀中的和尚老道分成兩行行進，和尚們托銅缽，揮拂塵，道士們擊木魚，吹笙管。再後是十幾對大型宮燈，上貼金色的「城隍」字樣，後面是四人抬的香爐，一路香煙繚繞。最後是府城隍與城隍夫人的坐轎，轎前有一圓頂杏黃傘，左右執有兩面黑地撒金方形大扇。

一路上人山人海，傾城觀看。府縣城隍出城在臨時搭成的席棚前「下」轎，與夫人南面坐，接受各界人士、平民百姓分撥兒行香叩拜，禮畢要送上香錢若干放進大笸籮中，有時只須半日就足夠百名道士全年的花銷了。棚外則百戲雜陳，熱鬧非凡。有的地方還要請戲班唱大戲，有時多達幾十臺。

傍晚，和尚誦經，道士唸咒，鑼鼓齊鳴，城隍老爺和夫人「升」轎，按原次序回城。

有些地區的城隍出巡，在儀仗隊伍中還有人扮的牛頭馬面、判官小鬼之類，以示懲惡勸善

七 土地

土地神，民間俗稱土地公、土地爺，其配偶則稱土地婆、土地奶。土地爺是我國民間最普遍供奉的神祇之一，大大小小的土地廟，遍布城鄉各地。過去北京城內，據《乾隆京城全圖》所載，土地廟有四十餘座，數量位居第三，這些是記錄備案的，實際不止此數。而且三聖廟、五聖廟、七聖廟等道院中，也必有土地爺——乃其中一「聖」。舊時，家家戶戶也常供奉土地神。土地是地位極低的小神，只管理某一地面、某一地段，也作爲村社的守護神。但最初的土地神——社神的級別卻要高得多，也排場得多。

㈠社神與土地崇拜

遠古的社神源於土地崇拜。土地崇拜是原始宗教中自然崇拜的重要組成部分。原始的土地神崇拜，是對土地的自然屬性及其對社會生活的影響力的崇拜。最初的土地神——社神，與後來的土地神——土地公和土地婆，是大不相同的。

社神之稱「社」者何義？

《說文解字》第一上云：

社，地主也，從示、土。

意思是說，「社」爲土地之主，土神。寫法上從「示（神主）」、從「土」。這是個會意字。「示」字，甲骨文作 ，表「桌石」、「靈石」。原始初民把一豎一橫的石塊疊成石桌形，擬作「神」像，立在部落中心，當作「神」來膜拜，稱爲「桌石」、「靈石」。這種「桌石」在我國和西北歐各地均有出土。這種「靈石崇拜」的風俗，在我國社會裏曾長期存在，石敢當就是個典型例證。過去，在不少村、社、里、巷，常蓋個一平方米左右的小小的「土地廟」，裏面放上兩塊上小下大，貌似人形（或刻成人形）的石塊，充作社公、社婆，就是遠古靈石崇拜的孑遺。

「土」字表示從地面上突起來的一堆土。《說文》認爲：「地之吐生萬物者也。」這是引申義。古人極爲敬重土，有了土就有了農業，有了農業就有了衣食。故人們將這種堆起來的土看成神，並向它祭獻。

商周時期，是以「示」字作「神」字用的。因「桌石」立於土上，又是原始宗教的膜拜對象，後來便以「示」、「土」兩個獨立字合為「社」字，會意為「土地之神」（也作「祭神之處」），社神便是土地之神。

正如《孝經援神契》所說：

> 社者，土地之神，能生五穀。
> 社者，五土之總神。土地廣博不可遍敬，故封土為社而祀之，以報功也。

何為五土？漢・蔡邕在《獨斷》中稱：「先儒以社祭五土之神。五土者，一曰山林，二曰川澤，三曰丘陵，四曰墳衍，五曰原隰。明曰社者，所在土地之名也。凡土所在，人皆賴之，故祭之也。」

祭祀社神叫「社祭」，早在《詩經》中就有社祭的記載：「以我齊明，與我犧羊，以社以方。」（《小雅・甫田》）

這是周代統治者祈年、祭神的一首樂歌中的幾句。「齊明」，是指祭器中所盛的穀物。「犧羊」，指祭祀用的牛羊。這是說用祭器盛滿穀物，獻上祭祀用的牛羊，祭社祭方。

又如：「祈年孔夙，方社不莫。」（《大雅・雲漢》）是說，祈年祭祀十分早，祭方祭社不遲延。祭社之舉，古人認爲是爲了「神地」、「親地」和「美報」。《禮記·郊特牲》：

「社祭土。」「社，所以神地之道也。地載萬物，天垂象，取財於地，取法於天，是以尊天而親地也。故教民美報焉。」

古人「神地」主要有兩個原因：一是人們看到土地廣大無邊，地力無窮，負載著萬物，人們要感謝它；但有時大地又像在發怒，地震發生，房毀人亡，使人畏懼。二是大地生財爲人所用，人們賴以生存。因而要「親地」——崇敬地神，要「美報」——酬勞其功，進行獻祭。

(二)最早的土地爺與土地婆「改嫁」

隨著社會的發展，統一王朝出現了，抽象化的大地之神被尊爲「后土皇地祇」，后土是與天帝相對應、總司土地的國家一級大神，由皇帝專祀，但在地方、鄉里村社仍奉祀地區性的土地神。這時的土地神地位已大大下降，自然崇拜的色彩已漸漸消失，轉而具有多種社會職能，人格化也日漸明顯。

第一個被奉爲土地爺的是哪位呢？

《左傳·昭公二十九年》有云：「共工氏有子曰句龍，為后土。……后土為社。」《淮南子·氾論訓》又說：「禹勞力天下而死為社。」高誘注云：「託祀於后土之神。」但句龍和禹曾被奉為后土，並不是後來的土地爺。最早的土地爺當屬漢代的蔣子文。蔣子文是廣陵（今揚州）人，曾為秣陵尉（秣陵即金陵，今南京）。

土地公、土地婆　（清）

此人並非正人君子，是個行為很不檢點的貨色：「嗜酒好色，挑達無度。」他常吹噓自己「骨清，死當為神」。他成為土地爺的經歷如下：（蔣子文）逐賊至鍾山下，賊擊傷額，因解綬縛之，有頃遂死。及吳先主（孫權）之初，其故吏見（蔣子）文於道，乘白馬，執白羽，侍從如平生。見者驚走。文追之，謂曰：「我當為此土地神，以福爾下民。爾可直告百姓，為我立祠。不爾，將大咎。」是歲夏，大疫，百姓竊相恐動，頗有竊祠之者。……於是使使者封子文為中都侯，次弟子緒為長水校尉，皆加印綬。為立廟堂。轉號鍾山為蔣山，今建康東北蔣山是也。自是災厲止息，百姓遂大事之。

這是三國時鍾山土地神。據清人《山齋客談》稱，漢末禰衡為杭州瓜山土地爺。此後又有一些古人充當了各地的土地爺。《鑄鼎餘聞》稱，「縣治則祀蕭何、曹參，翰林院及吏部祀唐·韓愈，黟縣縣治大門內祀唐·薛稷、宋·鮮於侁，常熟縣學宮側祀唐·張旭，俱不知所自始。若臨安太學祀岳飛，則因其故第也（見《宋史·徐應鑣傳》）。湖州烏鎮普靜寺祀沈約，則因寺僧本祀約也（見《夷堅志》）。若此者不一而足。」

不過，在中國廣大的土地上，數不清的土地神中，有名有實的土地爺畢竟佔極少數，絕大多數是通用的。一般的土地廟都很小，廟中土地為泥塑或用石鑿成，為一穿袍戴烏帽之白髮老翁，其旁老婦形象者為土地奶奶。正如《覺軒雜錄》所說：「土地，鄉神也。村巷處處奉之，或石室或木房。有不塑像者，以木板長尺許，寬二寸，題其主曰某土地。槊（塑）像者其鬢髮皓然，曰土地公，妝髻者曰土地婆，祀之紙燭餚酒或雄雞一。俗言土地靈則虎豹不入境，又言鄉村之老而公直者死為之。」

清人趙懿在《名山縣志》稱土地不一，有多種名目，其中有花園土地，有青苗土地，還有長生土地（家堂所祀），又有攔凹土地、廟神土地等，皆隨地得名。

土地崇奉之盛，是由明代開始的。明代的土地廟特別多，這似乎與朱元璋生在土地廟的傳說有些關係。《瑯玡漫抄》記載說，朱元璋「生於盱眙縣靈跡鄉土地廟」。因而小小的土地廟，在明代倍受崇敬。如建文二年（一四〇〇年）正月，南京奉旨修造南京鐵塔時，竟在塔內特地闢一「土地堂」，以供奉土地爺（《金陵瑣事》）。當時不僅各地村落街巷處處有土地廟，甚至「倉庫、草場中皆有土地祠」（《水東日記》）。土地爺的流行與普及於此可見。

可笑的是，歷史上出現過幾次土地爺娶老婆的喜劇和土地婆改嫁的鬧劇。據宋・高文虎《蓼花洲閑錄》：

> 温州有土地杜十姨無夫，五髭鬚相公無婦，州人迎杜十姨以配五髭鬚，合為一廟。杜十姨為誰？杜拾遺也。五髭鬚為誰？伍子胥也。

杜拾遺即杜甫。「拾遺」爲唐代諫官名，杜甫曾任左拾遺，故世稱其爲「杜拾遺」。杜甫若地下有知，定會哭笑不得，自己何以由男變女，竟做了春秋時伍子胥的老婆！

土地婆改嫁，最典型的要屬明代正德年間發生的一件。據《駒陰冗記》載：

> 中丞東橋顧公璘，正德間知台州府，有土地祠設夫人像。公曰：「土地豈有夫人！」命撤去之。郡人告曰：「府前廟神缺夫人，請移土地夫人配之。」公令卜於神，許，遂移夫人像入廟。時為語曰：
>
> 「土地夫人嫁廟神，廟神歡喜土地嗔。」

既期年，郡人曰：「夫人入配一年，當有子。」復卜於神，神許，遂設太子像。

顧璘本是明朝一代名相張居正的恩師，按說應是個有識之士，但他讓土地奶奶改嫁一事，眞是亂點鴛鴦譜，有點「亂判葫蘆案」！

三形形色色土地爺

因土地只管一段地面，所以有些地方的土地爺是形形色色，五花八門，頗有特色。如舊時重慶，有條街就叫「雞毛土地」，在千廝門。這是因為人們敬土地時，必殺雄雞一隻，用雞血澆紙帛，雞毛粘神像。過去有人專門在廟前替善男信女們殺雞為業，每天要殺百餘隻，收入也很可觀。

在鐵板巷與復興巷交界處，有座「黃桷土地」，因廟旁有黃桷樹而得名。「三層土地」最闊氣，倒不是土地爺住三層高樓，而是因廟處朝天門（舊名接聖街）三門洞（今爲信義街），清代這裏是迎官接聖旨的地方，這兒的土地爺理該闊氣。

「八仙土地」在文華街與東華觀巷交界處，傳說呂洞賓等神仙曾變化成老頭來人間遊玩，被當地土地請去大吃大喝一頓，所以那裏還有一條神仙口街。長安寺街有座「雙土地」，裏面供奉兩位土地爺，說一位是管街的，另一位是爲長安寺看守大門的。

還有座「矮土地」在三牌坊（今桐君閣藥房附近）。傳說乾隆私訪到重慶，見幾個活潑的小姑娘踢鍵子，當地的土地廟有點礙事，乾隆就說：「這個土地廟該矮一點才好。」於是就「欽定」這位土地爺只能永遠住矮廟了。

各地還出現了一些「總土地」、「都土地」。當地都稱自己的總土地或都土地統管全國的土地爺，其實是管不了，頂多管管某一地區的小土地爺們罷了。

土地　（紙馬）（清）

北京的都土地廟最有名，廟在宣武門外下斜街（原名槐樹街）南口內路西。早在元代就已建成。因是京師的大土地廟，廟有三層殿，規模很了不起。重慶過去有條街叫「總土地」，今爲八一路勤勞巷，這裏是重慶總土地的住處。有趣的是，一般的土地廟內只有一對土地公公、土地奶奶，但這裏卻有三十幾對。是何原因？原來這位總土地便是韓愈。韓愈任天下總土地後，忠於職守，他巡行各地，把那些不稱職的土地撤換，並把這些被撤換下來的土地公公婆婆都帶回他的總土地府進行「再教育」。據說這就是廟裏有三十幾對土地公婆的由來。

(四)《土地寶卷》中的土地老兒

土地爺是諸神中最低級的小神，有如古代官僚機構中無法入品的地保之流，但因其年老面善，遠比社會上的地保可愛。所以人們對土地爺從無畏懼之感，在尋常百姓家，不過在方桌之下，才有他的一席之地，人們常把他當作家神看待。小孩子對土地爺也特別有感情，有的甚至把他當玩具一樣，一天到晚抱來抱去，以至撒他一身的尿，也沒人認爲是「大不敬」。土地爺在《西遊記》等神魔小說中，也是個窩窩囊囊的受氣包角色。他們不但被孫悟空等大神隨時召喚聽令，常受訓斥，有些甚至淪爲妖怪的聽差、使喚人，地位十分可憐。但也有例外，《土地寶卷》中的土地老兒就與眾不同，是個了不起的英雄。

《土地寶卷》又名《先天原始土地寶卷》，二卷二十四品。明清間所刊梵篋本。寶卷將白髮蒼蒼的土地公公作爲一個與玉皇大帝抗爭的英雄來塑造的，這是從未有過的一種傳說。

寶卷是在寫「天」與「地」的對抗。大地化身的土地爺大鬧天宮，與諸佛、諸神鬥法，土地老兒神通廣大，屢敗天兵天將，戰勝諸仙，令玉帝膽戰心驚，成爲除《西遊記》中孫大聖以外的最頑强的「天」的敵人。小老頭兒土地充滿了幽默頑皮、機智和勇敢。如寫他去天宮訪佛，在南天門外受諸天將阻擋，被眾將推搡斥罵，「土地惱怒，使動龍拐，望眾打去，眾將一躲，打在南天門上，將天門打開」。（〈南天門開品第六〉）玉帝派五方五帝、五斗星君、三十六天罡、七十二地煞率八萬四千天兵天將，將土地團團圍住。土地如何應戰？寶卷寫道：

> 土地觀看：天兵無數，將我圍住。我今使個方法，戰他一戰。土地曰：「眾兵多廣，一人難敵，我今去也。」往地裏鑽去。眾天兵說：「走了他了！」九曜曰：「他是土地。這地就是他的原形。」眾人刨地，掘自數尺，盡都是金。天兵歡喜，言還未畢，金化成水，漲湧漂泛。天兵著忙，各顯神通，水上游行。土地將水一抽，天兵跌倒水裏。跑將起來，又是笑，又是惱。這個老頭，神通不小。俄然水乾，天兵都在泥裏。土地出現：「你可認的我麼？」
>
> ——〈地金水泛品第八〉

簡直如聞其聲，如見其人，自豪得意之態躍然紙上。

土地老兒的龍頭拐杖本是行路的輔助工具，但在寶卷中成爲一大法寶：土地將拐杖晃兩晃，地動山搖，「一切神仙站立不住，平地跌倒」。眾仙著忙，各駕祥雲飛上天空。土地將拐杖望空一舉，晃了幾晃，眾仙在空中東倒西歪，站立不住。最後「那土地一拐化了萬萬根拐，起在虛空，打的那神仙各人散去。」（〈地搖物動品第十〉）活像是孫大聖第二。

土地老頭兒顯盡了神威，玉帝無法制伏他，便去請來佛祖。佛祖像收伏齊天大聖一般，以無邊法力制伏了土地。土地被抓到靈山，投入爐中燒死。但土地的肉體雖然被消滅，他的靈魂卻是永存的、無處不在的。佛祖遂遣使遍行天下，乃至窮鄉僻壤，無論村落陋巷，大家小戶，無不建立土地祠與土地神位。

寶卷中大膽地提出「先有土地後有佛」的說法，把土地爺提到了極高的地位。可惜，這位土地神並不為群眾所熟知，確實應該好好宣傳一下才是。

㈤少數民族的土地神信仰

同漢民族一樣，我國有許多少數民族也信仰土地神，有些是源於本民族的原始自然崇拜，有些則受漢族影響。如苗族崇拜土地神是為了祈求村寨吉利，猛獸不犯。每個小村都建有屋形神龕樣土地祠，大村則有幾座，建於各個寨口。祠中所供神像，在黔西和湘西都是同漢族一樣的土公土婆。少數民族的土地神，還有社神、土神、地神、地鬼、土地鬼、土地菩薩等多種名目。其中也有一些區別，如社神主要是村寨的保護神，白族信仰的「本主」神也是源於村社神，是每個鄉村的「保護本境之主」。土地神除作為村落神之外，還與農業有關。如瑤族在翻土、播種和收割時，都要祭拜土地神。布依族在農曆六月六日和臘月初八都要祭祀土地神，敬拜石刻的神像或由最老的長者扮神。殺豬殺雞供祭，祈求土地保佑，五穀豐登，人畜興旺。

如同漢族的土地爺有一些花園土地、青苗土地、長生土地等「專職土地」一樣，少數民族的土地神也有不同種類，各司其職。如侗族就有橋頭土地、寨頭土地和山坳土地等。土家族的土地爺的分工就更細了：山神土地管坡上五穀；家先土地管飼養家禽家畜等家庭副業；梅山土地管打獵和不讓野獸進屋為害；此外，還有冷壇土地、當坊土地等。

各少數民族將土地神的誕日定在二月初二、六月初六或臘月初八，也是受漢族的一定影響。各族祭祀土地神的儀式形形色色，五花八門。侗族在逢年過節或遇自然災害時，用豬、羊、雞等獻祭。出獵前，狩獵的引頭人要到溪溝裏撈出三條小魚作為供品，燒香化紙敬祭，然後領隊上山。獵獲後，還得向土地神謝恩。布依族是用公雞或豬頭獻祭。毛南族宰豬獻祭，向土地神禮拜，然後每人喝「福」酒（內放兩塊熟的豬內臟），預祝五穀豐登。接著發給每戶肉和湯，吃了豬肉，將肉湯灑在農作物及果樹上，認為可領受土地神的施捨，驅蟲防災，穀物果品豐收。壯族還將社公節（除夕）和土地公節（六月初六）作為民族的傳統節日。

㈥社日・社火・土地廟會

古代的社日即源於祭祀土地，這是農家祭土神的傳統節日。一般在立春、立秋後的第五個戊日，稱「春社」、「秋社」。《荊楚歲時記》十三描繪了「春社」的情景：「社日，四鄰幷結綜會社，牲醪，為屋於樹下，先祭神，然後饗其胙。」

到了春社這一天，鄉親們湊在一起祭祀土地神，殺牛宰羊獻上美酒。在樹下搭個棚，先祭神，然後大夥兒美美地吃喝一氣。以後發展為：有錢和當官的人家在社日這一天要大宴賓客，民間也以社飯、社糕、社酒等送與親朋好友。《東京夢華錄·秋社》云：「八月秋社，各以社糕、社酒相賫貴戚。宮院以豬羊肉、腰子、奶房、肚肺、鴨餅、瓜薑之屬，切作棋子片樣，滋味調和，鋪於板上，謂之『社飯』，請客供養。」唐·王駕的〈社日〉詩寫得也很動人：

鵝湖山下稻粱肥，豚柵雞塒半掩扉；
桑柘影斜春社散，家家扶得醉人歸。

這眞是一幅令人嚮往的美妙田園詩。享神還是為了自享，藉以神聖的名義，名正言順的大吃一頓，是中國人的傳統之一。

以後，春秋祀社又逐漸形成一種節日般的集會，史稱「社會」。《東京夢華錄》說，屆時，學塾老先生預先讓學生們湊「份錢」來辦「社會」，雇請歌舞雜耍演員，集會上演出各種戲曲、雜技等。散會時，送給藝人們一些果子、吃食、社糕，讓他們高興而去。《武林舊事》卷三〈社會〉曾載當時杭州社日的盛況：

百戲競集，如緋綠社雜劇、齊雲社蹴球、遏雲社唱賺、同文社耍詞、角抵社相撲、清音社清樂、錦標社射弩、錦體社花繡、英略社使棒、雄辯社小說、翠錦社行院、繪革社影戲、淨髮社梳剃、律華社吟叫、雲機社撮弄。……莫非動心駭目之觀也。

「社會」時演戲的習俗一直流傳至近代，稱「社戲」。農村中的社戲一般在廟宇、祠堂或野外搭臺演出。費用由廟產、族產開支，或挨戶湊份子，並不售門票，隨便觀看。魯迅曾寫了篇〈社戲〉，較詳細地介紹了清末鄉間演出社戲的情景。

「社會」的繼續發展，就出現了中國民間最受歡迎的「廟會」。廟會當然與廟有關。有廟即有佛事，有佛事就有燒香逛廟的人，有逛廟燒香的就會有商販來做買賣。年復一年，形成了廟會。以至後來有的寺廟已坍塌無存，香火已絕，但商賈攤販們卻沿襲舊例，仍屆期前往，成爲無廟的廟會。

寺廟庭院一般都很寬敞，可容納眾多人們活動，管事的和尚租與商販經營，要收取地盤錢，名曰「香火錢」，這也給和尚尼姑們或老道們增加了不少收入。廟會成爲民間重要的商業集市，促進了經濟繁榮，滿足了居民的生活需要，所以千百年來，經久不衰。宋代汴京的大相國寺，南宋杭州的昭慶寺，再如蘇州的玄妙觀、南京的夫子廟、太原的開化寺、成都的青羊宮等，都曾有著名的廟會。

北京的廟會當爲全國之冠，直至民國時，城區尚有廟會二十處，郊區十六處。過去有「八大廟會」、「五大廟會」之說。五大廟會即指土地廟、花市（火神廟）、白塔寺、護國寺（西廟）和隆福寺（東廟）。

土地廟會逢「三」開廟，即農曆每月初三、十三、二十三均有廟會。此處因距廣安門與右安門較近，故附近鄉民都來廟會採購農具和日用雜品。這裏出售的木器、藤器、柳筐、荆筐等農民用具最多，爲此廟會的一大特點。清·柴桑《燕京雜記》云：「交易於市者，南方謂之趁墟，北方謂之趕集，又謂之趕會。京師則謂之趕廟。月之逢三日，聚於南城土地廟，凡人家器用等物，靡不畢具，而最多者爲雞毛帚子，短者尺餘，高者丈餘，望之如長林茂竹。」

因北京花鄉——黃土崗距此不算遠，故花農常來此賣花，土地廟的花市十分著名。有一首〈花市詩〉云：

人言土地廟，花市又當期。……
雞冠鳳仙左右束，剪秋羅多晚香玉。
驚心豔絶美人蕉，拂袖風涼君子竹。
入局處處清香酣，紅藍菊與佛手柑。

八 后土神

后土本爲道教大神「四御」中的第四位天帝，即承天效法厚德光大后土皇地祇，俗稱后土娘娘。她與主宰天界的玉皇大帝相對應，是主宰大地山川之神，二位配套，正所謂「天公地母」。

在甲骨文和金文時代，「后」字與「司」字常常寫成一個字，所以，「后土」即「司土」，即「司掌土地」。與生活在天上的玉帝相對應，掌管土地的后土則生活在大地之下，而且還曾被說成是地下幽冥之國的統治者。

《楚辭·招魂》云：

后土神（明）

魂兮歸來，君無下此幽都些，土白九約。

東漢·王逸注曰：

幽都，地下后土所治也。地下幽冥，故稱幽都。土伯，后土之侯伯也。

是說后土是主治地下幽都的大神，有一位土伯（又叫鬼伯）是其手下一位高級陰間神。又據《山海經》中〈海內經〉、〈大荒西經〉稱，居住在大地之下的噎鳴（時間之神）和居住在日落之處的信（巨人），都是后土的兒子。

但是后土神這種幽冥主宰的地位並未保持住，而被泰山神——東岳大帝和外來佛教中的閻羅王、地藏王所替代。不過，后土神也並沒有完全和陰間斷絕了關係，只是地位和功能一落千丈，成了一位可憐兮兮的守墓神。

與高高在上、端坐於四御大殿受人叩拜的后土皇地祇不同，守墓神后土冷清得多了，她成年累月地呆在陰森可怖的墓地裏，守護著地下的亡靈。

早在一千二百餘年前制定的《大唐開元禮》中，即對后土的守墓作用做了介紹，人們在造墓、下葬、遷葬時都要向她祈禱，請求保佑。唐代習俗，人們在造墓、遷葬時，都要在面向墓地的右方臨時告請后土神，祈求允許開工，保佑工程順利並造好墓地。到了宋代，清明節上墳，要先禮拜后土神，然後再打掃墓地。祭完祖先後，還要再拜后土。

后土神位置在墓前的左方或右方，清代習俗常把一塊刻有「后土神」或「祀神所」字樣的石碑豎在那裏。碑高二尺左右，有些還有山神、龍神、福神之類的文字。

祀后土通常請有學問、有地位的人來做，擺上葷素祭品，跪拜，祀畢，燒掉祭文、紙錠，祭品仍用作祭祖。有的還舉行「點主」儀式，即請福運之人、有學問有地位的人，在牌位的上下點上紅點，然後再在紅點上點一黑點，「點主」時也要備好祭品、奠酒禮拜，這一作法是爲了替子孫求好運。

祭祀完畢，亡者家屬把帶來的五穀種子撒在墓上，但留下一部分分給每人，並帶走一小塊墳土，以求五穀豐登。

九　土伯

人類面臨最大的問題是什麼？是人生。人生又是什麼呢？是生與死。無論是道教的講修煉、求長生，佛門的講功德、談果報，還是民間的拜三星、祈福運，說到底，無不是在探討人生，探討生與死。這個最普通而又最長久的題目，人類已經探討了幾千年，並將永遠探討下去。人們對生的風雲變幻、光怪陸離，已是大惑不解；而對死的神祕莫測、去向歸宿，更是撲朔迷離、疑懼萬分。中國古人對人死後的歸宿即另一個世界——幽冥世界的認識，經歷了一個漫長而又多異的過程。

在氏族群體生活時期，人們認爲死者的亡靈雖在冥冥之中，但仍與氏族生活在一起，和祖先生活在一起，於是把死者埋在氏族住處或生活區內。例如北京周口店山頂洞人的屍體就埋在他們居住的洞穴裏。

以後，隨著人們對高山險峻神祕的敬畏與崇拜，又出現了魂歸高山的信仰。如居住在西北地區的上古氏羌人即認爲人死後鬼魂歸崑崙山，以崑崙山爲冥界。《博物志·地》云：

崑崙以北，地轉下三千六百里，有八玄幽都，方二十萬里。

在《山海經》中，記載的鬼及與鬼有關的靈怪，有許多集中在崑崙山及附近地區。這些鬼怪靈物與崑崙山本身一起，構成了上古氏羌人以崑崙山爲中心的陰間世界。

在中原地區以泰山爲冥界的說法，影響很大。《後漢書·烏桓傳》稱：

中國人死者魂歸岱（泰）山。

《太平廣記》卷九九引〈冥報記〉云：

泰山治鬼。

《博物志・地》中亦云：

泰山一曰天孫，言為天帝孫也。召人魂魄。

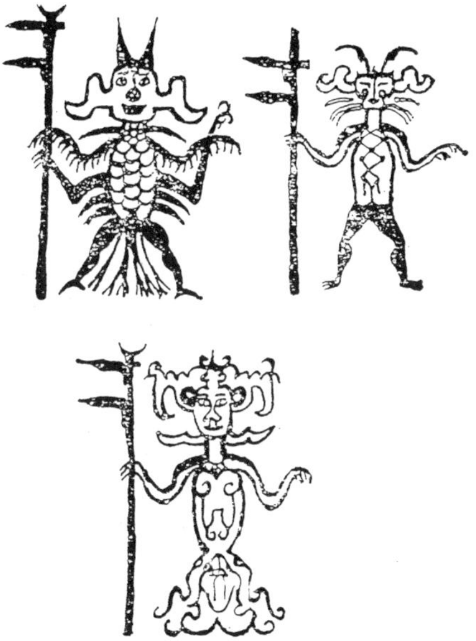

土伯　（戰國棺畫）

秦漢以降，術士儒生對五岳名山極力推崇渲染，東岳泰山爲五岳之首，並爲天下鬼神之宗。泰山神東岳大帝也成爲極顯赫的陰間主宰，至今仍有廣泛影響。

泰山被當作鬼魂歸宿，也是與華夏民族的文明史有密切關係。近些年的考古發現，齊魯大地分布著極其豐富的新石器時代文化。其中大汶口文化與殷商文化在內涵上有著非常密切的關係，而創造殷商文明的民族，在華夏族的形成過程中起了大作用。周滅商後，商文化並未滅亡，反而對周產生巨大影響。商的後裔有些流徙到全國各地，但他們忘不了故國的祊座泰山，希望落土歸根，死後魂歸泰山。作為嬴姓的秦，也屬殷商之族，所以秦始皇統一天下後，為了光宗耀祖、告慰先靈，當然也為了抬高自己的聲望，舉行了大規模的封禪活動。

以羅豐山為冥界的說法，也廣有影響。梁·陶弘景在《眞誥·闡幽微第一》中稱：

> 羅豐山在北方癸地，山上有六宮，洞中有六宮，是為六天，鬼神之宮也。

《酉陽雜俎·玉格》中則進一步說：

> 羅豐山，在北方癸地，周迴三萬里，高二千六百里。洞天六宮，周一萬里，高二千六百里。是為六天鬼神之宮。

羅豐山冥國本為虛擬之界，但後人卻將其落實了，指為四川名山豐都城。豐都經歷代經營，廟宇上百，神鬼成千，成為最有影響的幽都鬼城。

比以高山為冥界的說法更深入人心的，是鬼魂歸陰曹地府的信仰。我國漢族古代施行土葬習俗，土葬是將亡者以棺槨埋進墳墓，在地表之下，上古人們認爲地下有個陰曹地府。早在先秦時期，就有「黃泉路」的說法，「黃泉」即指陰間。

中國人關於陰間在高山和地下的觀點，與世界其他民族也很相似。例如《聖經》中的描寫，陰間在地的中心的極深處，有門和柵欄相隔，死者及撒旦（地獄之王、群魔領袖和人類的敵人）等墜落天使的靈魂都在這裏。日本人認爲陰間有四處地方：山上、天上、海中和地下。地下的陰間，又稱作「黃泉」、「黃泉之國」、「根國」（意爲「地下國」），顯然是受中國陰間理論的影響。

中國上古傳說中的陰間地府的統治者，最初並不是地藏菩薩和十殿閻王，而是大地之神后土，她被地藏和閻王所取代那是後來的事。后土手下有一位重要的幫手，即土伯。有關土伯的資料留下極少，只在《楚辭・招魂》及其注中略述大概：

> 魂兮歸來，君無下此幽都些（王逸注：地下幽冥，故稱幽都）。土伯九約，（王逸注：土伯，后土之侯伯也）其角觺觺些（王逸注：言地下有土伯執衛門户，其身九屈，有角觺觺，主觸害人也。觺觺，利貌）。敦脄血拇（敦，厚也；脄，背也；拇，手拇指也）。逐人駓駓（駓駓，疾走貌）。參目虎首，其身若牛些。此皆甘人。

土伯的樣子是凶惡可怕的：他手裏拿著許多繩子，頭上長著無比鋒利的角，背肉隆起，手爪鮮血淋漓，飛快地追逐著人們。他的腦袋像老虎，長著三隻眼，身體像牛，把人當作美味飽餐。

作爲幽都統治者之一的土伯，他不同於既營生，又管死的司命之神，而只是一個死亡之神，他的任務是索取人命。他那凶神惡煞般的面目，正如人間殘暴冷酷的奴隸主。

這是土伯索命食人的一面，而他作爲幽都的門官、保衛者，又有鎮鬼驅邪、護衛亡靈的一面。一九七九年在湖北省隨縣曾侯乙墓出土的戰國時期內棺側面上，就畫有一些長著尖角，獸頭利爪的持戈土伯（也有人認爲是方相）。這些土伯拿著武器畫在棺上，無疑有著護棺、避邪的功用，所以，土伯也有鎮鬼驅邪、護衛亡靈的法力，正如後來的神荼、鬱壘和鍾馗一樣。

十　判官

迷信中的陰曹地府是個極其龐大的鬼國，鬼國主宰閻王爺住在鬼國京城的森羅殿裏，閻王的主要幫手就是判官。

判官到底有多少也說不清，因爲閻王就有十殿，還不算民間增加的。主要的判官大約有四位：掌刑判官、掌善簿判官、掌惡簿判官、掌生死簿判官，其中掌生死簿判官爲首席判官。明

・馮夢龍《古今小說・鬧陰司司馬貌斷獄》中，對閻王的描繪是「戴平天冠，穿蟒衣，束玉帶」，一派閻羅天子氣象。他的兩旁「有左右判官，又有千萬鬼卒，牛頭、馬面，幫扶者甚衆」。這位掌生死簿的首席判官，據明代《西遊記》、《三寶太監西洋記》、《列仙全傳》等稱，叫崔珏。

歷史上並無崔珏其人。相傳崔珏爲唐代滏陽縣令，「沒爲神，主幽冥」。世稱崔府君。崔府君的「靈應」還要屬南宋初，幫助康王逃命事。《宋人軼事匯編》卷三載：康王質於金，遣還。奔竄疲困，假寐於崔府君廟，夢神人曰：「金人追及，速去，已備馬於門首。」康王躍馬南馳。既渡河，馬不復動，視之則泥馬也。

崔判官 （明）

康王，即後來的南宋高宗趙構，是個專會逃命、議和的軟骨頭皇帝。此事在《說岳全傳》第二十回中也有描述，即所謂「泥馬渡康王」也。這與五通神保佑趙構逃命的傳說一樣，實爲趙構之流爲抬高自己而編造的故事。趙構南渡後，在臨安（今杭州）

判官（清）

建都，爲崔府君立廟，賜額曰「顯衛」。元時，崔府君被封爲齊聖廣祐王。

崔府君在元代之前有姓無名，崔珏（字子玉）爲元明時才有，並被附會爲陰間判官。在《西遊記》中，崔判官私改生死簿，爲唐太宗添了二十年陽壽，是個大拍人間帝王馬屁的人物。《三寶太監西洋記》中的崔判官是個霸佔美婦的好色之徒，後被五鬼打了個一塌糊塗，演出了一場「五鬼鬧判」的喜劇。但崔珏比起京劇《鍘判官》中的判官張保，還不算太壞。

民間還有把鍾馗看成判官的，鍾判官則是一位正氣凜然、鏟除奸惡的判官。《鍾馗斬鬼傳》和《平鬼傳》即演其事。

判官的典型形象爲：戴一頂軟翅紗帽，穿一領內紅圓領，束一條犀角大帶，踏一雙歪頭皂靴，長一臉落腮鬍鬚，瞪著一雙圓眼，左手拿著善惡簿，右手拿著生死筆。（《斬鬼傳》卷一）

一一　鍾馗

鍾馗門神　（清）

在山東濰坊舉行的國際風箏節上，成百上千的各式風箏在空中翱翔，其中一只風箏極爲引人注目：上面畫有一位古代武官，長得豹頭環眼，鐵面虯髯，身穿大紅官服，足蹬皀靴。只見他手拿利劍，腳下踩著一個小鬼，作刺殺狀。這就是奇特的「鍾馗斬鬼」風箏。鍾馗在天上大抖威風，引得觀賞的人們齊聲喝采。

鍾馗的名氣，完全由於他捉鬼

、吃鬼的本事。在古人心目中，能捉鬼、治鬼的神明，頗有那麼幾位。

(一)幾位捉鬼之神

除了門神神荼、鬱壘之外，在古代傳說中專事捉鬼的神，有宗布神、尺郭以及鍾馗等。

宗布神，是神話傳說中名聲很大的羿。傳說羿射下九日，擒殺了危害百姓的猰貐、鑿齒、九嬰、修蛇諸凶怪，是個爲民除害的好漢。羿收了個徒弟叫逢蒙，不料逢蒙是個奸詐小人，他學到老師全部本領以後，「思天下惟羿愈己，於是殺羿」（《孟子·離婁下》）。逢蒙是用桃木大棒將羿打死的。老百姓覺得羿死得太冤了，他生前又爲人類立了大功，於是人們便奉他爲「宗布神」。《淮南子·氾論訓》說：「羿除天下之害，而死爲宗布。」高誘注道：「今人室中所祀之宗布是也。」所謂「宗布」，有一種說法就是「禜酺」，即古代的兩種祭禮。羿生前爲民除害，故人們在舉行「禜」、「酺」——兩種禳除災害的祭禮時，也將羿祭祀，以後家家戶戶的堂屋裏乾脆把羿作爲誅邪除怪的宗布神了。

這位宗布神，袁珂先生認爲頗類鬼的首領，職務是統轄天下萬鬼，叫邪惡的鬼魅不敢害人，就像後來的尺郭與鍾馗。（袁珂《中國神話傳說·羿禹篇（上）》）

尺郭，傳說是東南方的一個巨人，身高七丈，肚子奇大，腹圍也有七丈。頭上戴著公雞狀的帽子和魌頭——大頭假面具。《神異經・東南荒經》說，尺郭朱衣縞帶，以赤蛇繞額，「不飲不食，朝吞惡鬼三千，暮吞三百。此人以鬼爲飯，以露爲漿，名曰尺郭，一名食邪。」

出於對鬼魅的恐懼心理，古人造出了一些專門對付鬼怪的保護神來，但不管是宗布，尺郭，還是神荼、鬱壘，他們的名氣和影響，比起後來的鍾馗，則弗如遠矣。鍾馗的顯赫，還要歸功於唐明皇。

㈡鍾馗捉鬼傳說與鍾馗嫁妹

鍾馗捉鬼，傳說紛紜。主要有以下幾種。

宋代沈括《補筆談》卷三引吳道子鍾馗畫上唐人題記及高承《事物紀原》謂：開元年間，唐明皇從驪山校場回來，忽然得了惡性瘧疾，巫師們用盡了心計，忙活了一個多月也不見好轉。一天深夜，明皇夢中見一小鬼，身穿紅衣，一腳著靴，一腳赤足，腰間掛著一靴，這個牛鼻子小鬼偷偷盜走了楊貴妃的紫香囊和明皇的玉笛。明皇

鍾馗嫁妹　（元）

大怒，斥之。小鬼自稱是「虛耗」。這時，只見一大鬼「頂破帽，衣藍袍，束角帶，徑捉小鬼，以指刳其目，擘而啖之」。明皇問他是誰，奏道：「臣終南進士鍾馗也，因應舉不捷，觸殿階而死，奉旨賜綠袍而葬，誓除天下虛耗妖孽。」唐明皇大夢醒來，病一下好了。於是召大畫家吳道子圖之，明皇瞠視久之，道：「是卿與朕同夢耳，何肖（像）如此哉！」賞以百金，並御筆批道：

靈祇應夢，厥疾全瘳，
烈士除妖，實須稱獎。
因圖異狀，頒顯有司，
歲暮驅除，可宜遍識，
以袪邪魅，兼靜妖氛，
仍告天下，悉令知委。

《歷代神仙通鑑》卷十四所載與上同，只是最後說，「詔神畫手吳道子圖其像，懸後宰門。後世仿以袪邪。」看來，由於唐明皇李隆基的大力推崇和批告天下，鍾馗才得以確立了頭號打鬼門神的地位。

但清人所作小說《鍾馗斬鬼傳》和《唐鍾馗平鬼傳》裏，時間則往後挪到了唐德宗時代，內容也更豐富了。說鍾馗字正南，終南山（陝西秦嶺）秀才。生得醜惡怕人，但才華出眾。唐德宗時，進京應試，不假思索，一揮而就。主考官韓愈、陸贄閱後拍案叫絕，遂點為頭名狀元。但德宗以貌取人，聽信奸相盧杞讒言，欲將鍾馗趕出龍廷，鍾馗氣得暴跳如雷，當場自刎而死。德宗悔恨，遂將盧杞流放，並封鍾馗為「驅魔大神」，遍行天下，以斬妖邪。閻君並助其一文一武——含冤、負屈二將軍，奈河橋守橋小鬼化為蝙蝠，為鍾馗作嚮導。鍾馗翦除鬼魅，立下大功，上奏玉帝，被封為「翊聖除邪雷霆驅魔帝君」。

鍾馗（清・任頤）

清初張大復所編《天下樂》傳奇，演了鍾馗全部故事。雖劇本已佚（只留下《嫁妹》一齣），但《曲海總目提要》記下了主要劇情：杜平樂善好施，贈金給鍾馗赴京應試，鍾馗以妹許嫁。鍾馗為人好剛使氣，一天醉酒，進入一寺。見僧眾正為好友杜平作瑜伽道場，十分生氣，便毀榜毆僧，並對杜平道：「人之禍福在天，何得託名於鬼！若鬼果能作禍於人，是為害人之物，必當盡殺而啖之！」後被鬼告到觀音面前，觀音偏聽偏信，決定使其損壽。鍾馗在往長安應試途中，走進一條山谷時，爲衆鬼所困，臉頰被損變得十分難看。後入京考中會元，終因貌醜被黜，含冤而死。死後，鍾馗奏之玉帝，被封爲「斬祟將軍」，領兵三千，專管人間祟鬼厲魅。鍾馗了卻生前心願，遂將小妹嫁與杜平。

在民間還有一種說法，鍾馗因貌陋而被皇帝免去狀元，一怒之下，撞階而死。與其一同應試的同鄉好友杜平將他安葬。鍾馗感報杜平恩義，遂親率鬼卒於除夕返家，將妹妹嫁給杜平。這就是有名的「鍾馗嫁妹」。

《天下樂》、《斬鬼傳》等戲劇、小說固可虛擬加工，但《補筆談》引唐人題記、《事物紀原》等所記鍾馗事，言之鑿鑿，煞有其事。事實果如其然否？歷史上到底有無鍾馗其人？

㈢鍾馗由來

遍查唐史，並無「終南山進士鍾馗」其人。其實，鍾馗不過是人們創造的。這使人想起宋代沈括講過的一件趣事：「關中無螃蟹。元豐中，予在陝西，聞秦州人家收得一乾蟹，土人怖其形狀，以爲怪物。每人家有病瘧者，則借去掛門戶上，往往遂瘥。不但人不識，鬼亦不識也！」這正是以怪治怪，以毒攻毒之意。古人造出鍾馗，心理也正在此。那麼，鍾馗的來歷又如何呢？前人對此作過不少考證。

唐代王仁煦所編《切韻》中已明確指出：「鍾馗，神名。」其實，有關鍾馗的傳說早在唐以前就有了，「鍾馗之說，蓋自六朝之前，因已有之，流傳執鬼，非一日矣。」《北史》載北朝有人叫堯暄，其本名鍾葵，字辟邪。這就是說當時已流行鍾馗辟邪的傳說，故其取名「鍾葵」而字「辟邪」。古人迷信鬼邪，取名也要取個能辟邪的，以求壓制鬼魅，自己取勝。正如清代學者趙翼《陔餘叢考》卷三十五所言：「古人名字，往往有取佛仙神鬼之類以為名者。」故後魏、北齊及周、隋間，多有名鍾葵者（鍾葵亦寫作鍾馗）。如魏獻文帝時，有大將楊鍾葵；魏孝文帝時，有頓丘王李鍾葵；北齊武成帝時，有宦官宮鍾葵（亦作宮鍾馗）；隨朝宗室有楊鍾葵，漢王部將有喬鍾葵。六朝以後，很多人取名「鍾葵」，就是希冀不怕邪惡，容易長成和長得健壯，或希長命百歲。正如現今還有些人給孩子取名「鐵蛋」、「石頭」、「柱子」一樣。隋朝的喬鍾葵亦作喬終葵；唐時，王武俊部將張鍾葵亦寫作張終葵。於是，明代學者楊慎、顧炎武等人即循著「鍾馗，即鍾葵，即終葵」的線索，得出了鍾馗神話傳說，源於遠古時代「逐鬼之椎」的論斷。

《周禮·考工記》云：「大圭（一種玉器名），終葵首。」注：「終葵，椎也。」疏：「齊人謂椎為終葵。」所謂「椎」者，棍棒也。椎者何用？「蓋古人以椎逐鬼，若大儺之為耳。」（《日知錄》）看來，遠古時代齊人以「終葵」為「逐鬼之椎」，後世以其有避邪之用，遂取為人名。流傳既久，則又忘其原為辟邪之物，而看成逐鬼之神，又因字音相同，「終葵」亦可寫作「鍾馗」。再加上明皇之夢的渲染，吳道子之畫的流行，於是，「逐鬼之神」又被附會爲眞能捉鬼食鬼的終南山進士姓鍾名馗者耳！

從音韻學的角度看，「終」與「葵」二字反切，即「終」字聲母與「葵」字的韻母相拼，正是個「椎」音，正如《通俗編》所云：「鍾馗與《考工記》云終葵通。其字反切爲椎，椎以擊邪，故借其意以爲圖象。」這就是說，「椎」本是大木棒，上古的齊國人稱其爲「終葵」。終葵是用來打擊妖魔鬼怪的，後來把它人格化了，後世就產生了鍾馗捉鬼的傳說。鍾馗本身不過是用以擊邪的大棒（椎）的化身。鍾馗的衍變倒是頗具戲劇性的。

鍾馗能成爲逐鬼之神，除其本是桃木大棒的化身之外，還與遠古的驅逐疫鬼的「大儺之儀」有關。所謂「大儺」，即古人臘月禳祭以驅除瘟疫。主持大儺之儀的方相氏「掌蒙熊皮，黃金四目，玄衣朱裳，執戈揚盾」，率百隸從宮室里巷一直到荒郊野墓，到處驅逐鬼魅。（《周禮·夏官·司馬下》）到了漢代，大儺之儀已爲歲暮皇宮的重大禮儀，從皇室到群臣、武將乃至虎賁、羽林郎將皆按時參與。先是十二神追惡凶，然後方相氏與十二獸舞蹈，在巡視宮室三遭之後，由騶騎傳炬出宮，一直傳到城外雒水，並將火炬扔到激流之中。禮儀結束前，還要將葦戟、桃杖等賜與公卿、將軍、諸侯，以示恩寵。但後來大儺之儀逐漸爲跳鍾馗、掛鍾馗神像的習俗所代替。南宋·孟元老《東京夢華錄》謂：至除日，禁中呈大儺儀，並用皇城親事官、諸班直戴假面，繡畫色衣，執金槍龍旗。教坊又裝鍾馗之類，自禁中驅祟出南薰門外，謂之「埋祟」而罷。南宋·吳自牧在《夢粱錄》中稱：至除日，街市有貧丐者爲一隊，裝神鬼、判官、鍾馗、小妹等形，敲鑼擊鼓，沿門乞錢，俗呼爲「打夜胡」，亦驅儺之意。

要之，古時候曾稱一種棒槌（椎）爲終葵。在舉行驅疫逐鬼的大儺儀式時，總要「揮終葵，楊玉斧」，逐漸它成爲驅鬼避邪的象徵。魏晉以降，常有人以鍾葵、鍾馗（與終葵同音）爲名爲字者。到了唐代，好事的文人杜撰了鍾馗捉鬼的故事，並附會到風流天子唐明皇的身上。於是這一傳說不脛而走，從宮禁到民間廣泛流傳。當然，鍾馗的顯赫也是與鍾馗畫、鍾馗戲，以及鍾馗小說的廣泛流行有直接關係。

㈣鍾馗畫・鍾馗戲・鍾馗小說

最早的最著名的鍾馗畫當首推唐代大畫家吳道子的「鍾馗捉鬼圖」。此圖據宋・郭若虛《圖畫見聞志》載：「吳道子畫鍾馗，衣藍衫，鞹一足，眇一目，腰笏中首而蓬髮，以左手捉鬼，以右手抉其鬼目。筆亦遒勁，實繪事之絕格也。」關於此畫，還有一段趣聞。

唐朝滅亡後，宮廷收藏的吳道子鍾馗畫流散到了民間。後來，有人將此畫獻給前蜀皇帝王衍。王衍如獲至寶，掛在臥室中觀賞不已。一天，他對大畫家黃筌道：「吳道子畫的鍾馗是用右手第二指挖鬼的眼睛，不如改用拇指挖鬼眼顯得更有力量，請試爲我改之。」黃筌將畫帶回家去，揣摩多日，乃另畫一鍾馗以拇指挖鬼眼。第二天將二畫一齊獻上，蜀主問他爲何未改畫？黃筌答道：「吳道子所畫鍾馗，一身之力，氣色眼貌，俱在第二指，不在拇指，故不敢妄改

。我新畫的鍾馗，眼色意思，俱在拇指。」蜀主王衍歎服。（宋《宣和畫譜》）

鍾馗捉鬼之說盛行以後，鍾馗畫作爲避邪驅鬼的門神像亦開始流行，「甚至朝廷之上，每歲暮以鍾馗與曆日同賜大臣」。此舉至宋時猶然。神宗時，「上令畫工摹榻鐫板，印賜兩府輔臣各一本。是歲除夜，遺入內供奉官梁楷就東西府給賜鍾馗之像」。宮中掛鍾馗，明清亦然。「禁中歲除，各宮門改易春聯，及安放絹畫鍾馗神像。像以三尺長素木小屏裝之，綴銅環懸掛，最爲精雅。先數日各宮頒鍾馗神於諸皇親家」。（《舊京遺事》）

由於皇家的提倡，鍾馗門神在民間也廣泛流傳。不僅春節時掛鍾馗，端午節也把他請出來，用以避邪。《燕京歲時記》稱，「每至端陽，市肆間用尺幅黃紙蓋以朱印，或繪天師鍾馗之像，或繪五毒符咒之形，懸而售之，都人士爭相購買，粘之中門以避祟惡」。

鍾馗傳說一出現，就得到了歷代畫家的鍾愛，自唐吳道子之後，五代的黃筌、王道求、周文矩，宋代的楊棐、石恪、李公麟、馬和之、馬驎、顏輝，元代的陳琳、王蒙，明代的錢谷、劉枋、陳洪綬，清代的高其珮、金農、趙之謙、任熊、任伯年、吳昌碩，直到近現代的齊白石、徐悲鴻、張大千等大家，都畫過鍾馗。在大師們的筆下，鍾馗神態各異，豐富多姿。歷代鍾馗畫通過民間、宮廷和文人畫家們的辛勤創作，以其特有的價值成爲中國美術史上的一枝奇葩。

宋末元初的鍾馗畫已十分豐富，有了捉鬼、嫁妹、飲宴、部鬼、夜獵、出遊等題材。這就促進了鍾馗戲的產生和發展。

《慶豐年五鬼鬧鍾馗》雜劇，是明初教坊所編的節令承應戲，這是現存最早的鍾馗戲。劇中講鍾馗因楊國忠當權，應試不中，一氣身亡。副考官奏明皇帝，封其爲狀元，上帝又加封爲判官。鍾馗收伏了大耗、小耗和五方鬼。清初張大復編了《天下樂》傳奇，演了鍾馗的全部故事，但此劇本已佚，只保留了《嫁妹》一齣。《鍾馗嫁妹》成爲長期在舞臺上演出的傳統劇目，京劇、昆曲、川劇、滇劇、河北梆子、同州梆子等均有此劇。鍾馗至今活躍在戲曲舞臺上。

寫鍾馗的小說，現存的有三種。最早的是《唐鍾馗全傳》（又題《唐書鍾馗降妖傳》）。是明代刻本，四卷三十三則。此書藏於日本內閣文庫。另兩種是《鍾馗斬鬼傳》（又作《平鬼傳》），清人煙霞散人作，四卷十回；《唐鍾馗平鬼傳》，清人東山雲中道人撰，八卷十六回。二書情節不同，但都描寫了形形色色的鬼，其實，它們並非是講鬼的鬼怪小說，而是寫人的諷刺小說，書中嘻笑怒罵，著重對各種

鍾馗　（唐・吳道子）

邪惡予以諷刺鞭撻。正如魯迅所言：「取諸色人，比之群鬼，一一抉剔，發其隱詞，然詞意淺露，已同嫚罵」。

鍾馗作為一個特殊的藝術形象，貌陋而心美，對鬼凶而對人善，對我國的民俗、美術、戲曲以及小說，都產生了廣泛的影響。

㈤鍾馗與蝙蝠

除了怒目圓睜、恐怖可畏的鍾馗形象（多是刺鬼、斬鬼、斬狐題材）以外，尚有另外一種鍾馗畫，畫上的鍾馗和顏悅目，一團和氣。畫面上還常配有蝙蝠或蜘蛛。這類畫與驅邪鎮妖的鍾馗畫有所不同，寄託著人們迎福禎祥、追求平和安定生活的願望。鍾馗頭上的蝙蝠有何來頭呢？

據《斬鬼傳》第一回云：鍾馗被封為驅魔大神後，率三百陰兵過了枉死城，在奈何橋上遇一小鬼擋路。小鬼自稱原為田間鼴鼠，飲了奈河水後，身生兩翅，化為蝙蝠，凡有鬼的所在，無一不曉。最後對鍾馗道：「尊神欲斬妖邪，俺情願作個嚮導。」鍾馗大喜，收了蝙蝠。於是蝙蝠成為嚮導，引著鍾馗去除眾鬼。《平鬼傳》的說法與此不同。是說鍾馗駕起祥雲，神荼搖身變了一隻蝙蝠在前引路，鬱壘化了一把寶劍，伏在鍾馗背上，眾鬼跟隨。最後稱「至今元旦令節，家家畫鍾馗神像，目睹蝙蝠，手持寶劍，懸掛中堂，戶戶寫神荼、鬱壘名字，供奉大門。自此鬼魔消除，四海永清。萬民安樂，共慶太平，千萬斯年矣」。（第十六回）

此外，「蝠」與「福」同音，畫上的蝙蝠意味著「幸福來臨」。明朝憲宗皇帝朱見深所畫《迎福如意》、清朝高其佩所畫《迎福鍾馗》等，即用此意。有些吉祥鍾馗畫，在鍾馗頭上畫個蜘蛛亦類此。蜘蛛，民間俗稱「喜珠兒」，「喜珠兒」自空而降意爲「意從天降」。這些都寄託了人們祈福的美好願望。

鍾馗　（年畫）

一二　十大陰帥

四川豐都鬼城作爲鬼國大本營，鬼神精怪薈萃一堂，種類之全，數量之多，在中國首屈一指。

平都山（名山）的最高處是天子殿，這是鬼城的主廟和中心，殿內正中原爲金身鐵質的陰天子坐像，十年動亂中（一九六六年～一九七六年）陰天子在劫難逃，像被毀掉。現在的陰天子像爲泥塑，身高兩丈，頭戴金冠，身穿蟒袍，腰圍玉帶，龍眉鳳眼，莊重威嚴。身後有宮女侍立，兩側是六曹文武，陰天子身後是天子娘娘。

下殿侍立著四大判官，再下就是十大陰帥。兩廂則是陰森恐怖的東地獄和西地獄即所謂十八層地獄。

十大陰帥的名目是：日遊神、夜遊神、黃蜂大帥、豹尾大帥、鳥嘴大帥、魚腮大帥、無常大帥、鬼王大帥、牛頭大帥和馬面大帥。以上所謂十大陰帥其實名不副實，是一種抬高自家身價的誇大說法。「陰帥」是指陰間中統領陰兵鬼卒的主將、統帥，職位是很高的，但上面的十位，差得遠了。從他們的名稱看，也遠比北都御史、天中大魔、天蓬元帥、天猷元帥等低得多。其實他們大都是陰間低級神，黑白無常和牛頭馬面有專節論述，其他冥神分述如次。

日遊神　舊時黃曆中所載的遊蕩於各方的凶神。早在元代的《授時曆》中，就出現了這一名目。據稱從癸巳至戊申十六日，日遊神分別在房屋內的東西南北中五方，己酉至壬辰四十四日，日遊神出遊。人要避忌遊神所在之方。清乾隆年間問世的著名曆法術數書《協紀辨方書·義例·日遊神》中稱：「（日遊神）癸巳至丁酉日在房內北，戊戌、己亥日在房內中，庚子、辛丑、壬寅日在房內南，癸卯日在房內西，甲辰至丁未日在房內東，戊申日又在中，己酉日（至壬辰日）出遊四十四日。」還稱在日遊神所在之方，不宜安屋室、掃舍宇、設床帳等等。

若沒有避忌，沖犯了日遊神，就會大難臨頭，非死即傷。正如元・王曄《桃花女》雜劇第三折所說：「今日他出門之時，正與日遊神相觸，便不至死，也要帶傷上車。」

民間祭祀燒化用的紙馬中，也有日遊神。像爲一古代吏員打扮，小紗帽，白袍黑靴，長鬚虬髯，一手扶玉帶，一手持一卷簿。模樣倒不十分凶惡可怕。在流行極廣的勸善書《玉曆至寶鈔》中，日遊神作「日遊巡」，作獄卒打扮，披散著頭髮，手持木牌，上寫「日巡」二字。

夜遊神　與日遊神相反，夜遊神是在夜間四處遊蕩巡行的凶神，他們與日遊神們日夜輪流值班，專門找人的麻煩，還經常向上級打小報告，活像一幫專門禍害百姓的「陰間小特務」。早在上古時代，我國民間即傳說有夜遊神。《山海經・海外南經》載：「有神人二八，連臂，爲帝司夜於此野。」這裏的「二八」神，大約就是夜遊神，是天帝派出的，專門「司野於此野」。白天他們就看不見了，郭璞注此條曰：「晝隱夜見（現）。」楊慎補注：「南中夷方或有之，夜行逢之，土人謂之夜遊神，亦不怪也。」

二八神的名字也很奇怪，《山海經・海外南經》作了說明：「（二八神）在羽民東。其爲人小頰赤肩，盡十六人。」這裏用了乘法，二八一十六，是說夜遊神有十六個。郝懿行對此條箋疏謂：「薛綜注《（文選）東京賦》云：『野仲、游光，惡鬼也，兄弟八人，常在人間作怪害。』案野仲、游光二人，兄弟各八人，虬得十六人，疑即此也。」也認爲夜遊神是十六個，而且以惡鬼野仲、游光爲首。野仲和游光是漢代民間傳說的最厲害的兩個惡鬼，因爲他倆太厲害了，人們反而倒用他們鎮伏其他鬼魅，正所謂以惡制惡、以毒攻毒。清·盧文弘《群書拾補》輯《風俗通逸文》稱：

夏至，著五彩，辟兵，題曰游光，厲鬼知其名者。永建中（漢順帝時），京師大疫，云厲鬼字野仲、游光，……人情愁怖，復增題之。

當時人們用惡鬼野仲、游光之名，來辟兵疫、辟瘟疫。

也有人認為「二八神」是「二人」，「八」乃「人」之誤。《淮南子·墜形訓》曰：「有神二人，連臂為帝候夜，在其西南方。」高誘注曰：「連臂大呼夜行。」是說夜遊神有兩位，臂膀是連在一起的，有點像連體怪胎，夜晚巡行時大喊大叫。但後世傳說的夜遊神已沒有這些特點，變成單個活動，而且行蹤詭祕，鬼鬼祟祟，完全是一副窺測人們隱私的「包打聽」角色。

明·馮夢龍編《古今小說》卷三十一〈鬧陰司司馬貌斷獄〉即出現了個「包打聽」式的夜遊神。書中寫蜀郡益州有個秀才叫司馬貌，空有一身才學，到了五十歲，還不得出身，屈埋於眾人之中，心中怏怏不平。一天因為酒醉，寫了一道〈怨詞〉，其中有兩句是：「善士歎沉埋，凶人得橫暴。我若作閻羅，世事皆更正。」吟哦數遍，將詩稿焚於燈下。不料，此事被夜遊神偵知，奏知玉帝。玉帝聽了大怒，要治他的罪，後聽太白金星勸告，讓司馬貌代理閻王半日。司馬貌果然不凡，半日時間，把四件大案皆判分清楚。玉帝見他能體現天地無私、果報不爽之意，就叫他轉世爲司馬懿，將三分天下收拾歸一。在這裏，司馬貌有幸當了半日閻羅王，後轉世爲出將爲相的司馬懿，倒要「感謝」那個夜遊神了。

夜遊神到了清代，形象已寫上古傳說有很大不同，不是「爲人小頰赤肩」，而是高大無比，「其服制彷彿紗帽寬袍，氣象雄闊」（《醉茶志怪》）。若是夜晚碰到他，常會倒霉。清、李慶辰《醉茶志怪》卷五〈夜遊神〉中，記載了幾則夜遊神的傳說，茲錄一則：

在邑東關外崇寧宮前，有王某夜行，見墻陰一物如袱，俯視乃巨靴，長約三尺許。舉頭則眉際復一靴，大亦相等。仰望一巨人，坐檐際，高約數丈，迭腿而坐。躊躇間，忽有一人提燈籠而來。巨人抬其足，其人若未之見，匆匆遂過。王亦欲隨之過，巨人仍以足擋之。相持數刻，始不見。歸家後，不數日而亡。殆衰氣所感，鬼神揶揄之也。

《醉茶志怪》所說夜遊神「紗帽寬袍，氣象雄闊」之模樣，倒與民間流行的夜遊神神馬造像完全相同，只是神馬中的夜遊神一手握朱筆，一手持卷簿，身著黑袍。《醉茶志怪》所載形象怕是受了神馬的影響吧！

鬼王　鬼王這一稱號十分含混。歷代對「王」的解釋是有區別的，夏商周三代「王」是最高統治者即天子的稱號，如商紂王、周武王等。到了戰國時期，列國國君皆稱「王」，如燕王、趙王、楚王等，以後也泛指一國君主即國王。秦漢以後，國君稱皇帝，皇帝對親屬、臣屬的最高封爵是王，如藩王、親王之類。「王」也泛指一些首領，如山大王、猴王、妖王之類。所以，「鬼王」並非實指，從某種意義講，陰間主宰北陰大帝、豐都大帝、閻羅王等都可稱作鬼王，也有人把鍾馗稱作鬼王。但十大陰帥中的鬼王顯然不是以上幾位大人物。豐都天子殿中的鬼王塑像上身裸露，紅髮獠牙，手拿鎮妖鈴，猙獰凶惡，整個一副夜叉鬼模樣。他與牛頭馬面、黑白無常為伍，等級自然也不會高，同樣是個鬼卒之類的身分，但因其掛了個「王」字，地位應該高於一般鬼卒，大約是個像山大王那樣的一個頭領。

清·蒲松齡《聊齋誌異》卷六〈考弊司〉介紹了一位主管考弊司的鬼王。他的衙署堂下立兩塊大石碑，上面分別刻著「孝弟忠信」、「禮義廉恥」。這位鬼王叫「虛肚鬼王」，他長得「鬈髮鮐背，若數百年人，而鼻孔撩天，唇外傾，不承其齒。從一主簿吏，虎首人身。又十餘人列侍，半獰惡若山精」。這個鬼王雖標榜「孝弟忠信、禮義廉恥」，實際則是個貪得無厭、殘忍暴虐的傢伙。他規定下屬初次拜見他，都要割一塊髀肉（大腿上的肉）為「成例」，不管有罪無罪。但「豐於賄者，可贖也」，只要銀子送的多，就可免割肉之苦。這裏的鬼王完全是一副貪官嘴臉。

豹尾　鳥嘴　魚䚡　黃蜂

這四位所謂陰帥，是民間巧立的名目。他們分別管理陸上獸類、天上鳥類、水中魚類以及地上昆蟲等各種動物的亡靈。佛門提出了六道輪迴的理論，認為眾生（人及一切動物）在三界（欲界、色界、無色界）和六道（天、人、阿修羅〔惡鬼〕、地獄、餓鬼、畜生）的生死世界循環不已，如車輪回旋不停。六道眾生有四種形態：①卵生：如雞、孔雀、鳥等。②胎生：如人、畜生等。③濕生（亦名因緣生）：各種蟲子等。④化生：無所依托，借業力而出現者，有諸天神、餓鬼及地獄中的受苦者。所以，今世是人，來世可能轉生為馬、牛、羊等動物，因此佛祖、菩薩要度盡六道眾生。

人們刻意構畫的十大陰帥，顯示了鬼府陰曹的法網恢恢，疏而不漏，同時也顯示了人類的虛弱與可悲。

一三　五通

過去在中國南方有一種流行十分廣泛的鬼魅崇拜，即禮祀五通神。魯迅在他寫的《五猖會》中，談到他家鄉五猖廟中的五通神，「神像是五個男人，也不見有什麼猖獗之狀；後面列坐著五位太太，卻並不『分』坐，遠不及北戲園裏界限之謹嚴。」

五通的塑像是端正肅穆、道貌岸然的，絕看不出「有什麼猖獗之狀」，但其確實屬於淫祠之列，在歷史上曾被禁、被毀多次，清朝康熙年間有過重要的一次，唱主角的是江寧巡撫湯斌。

(一)湯巡撫大破五通

湯斌，河南睢縣人，清順治年間進士，康熙時任江寧巡撫。史志上贊頌他「絕誕節餽獻，抑豪猾吏胥，毀巫覡淫祠。自待甚儉，日給腐菜，蘇（州）人戲呼為『豆腐湯』」。是一位很得人心的好官。

他管轄下的蘇州上方山上，有一座五通神廟，引起了他的注意。上方山在蘇州南郊，又叫楞枷山，瀕臨石湖，三面環水，景色秀麗。據《吳縣志》記載，宋咸淳（一二六五年～一二七五年）間建五通廟於山上。廟會期間，江浙一帶無數善男信女，蜂擁而至，焚香膜拜，沸沸揚揚，熱鬧非凡。湯斌經過實際調查，心中明了，正巧有人狀告五通，湯斌大怒，遂採取果斷措施，拘審五通泥像，杖後投湖，演出了一場大破五通神的奇戲，震動了當地百姓。顧公燮《消夏閑記》載：

康熙二十四年（一六八五年），諸生范姓被五聖（即五通）占奪其妻，再三求禱，不應而死。范怒，赴撫院控告。湯公（斌）詣山，坐露台上，鎖拿妖神，剝去冠帶，各杖四十，投其像於湖。

湯斌這一義舉，亦載入正史。《清史稿》列傳五十二〈湯斌傳〉云：

蘇州城西上方山有五通神祠，凡數百年，遠近奔走如騖。諺謂其山曰「肉山」，其下石湖曰「酒海」。少婦病，巫輒言五通將娶為婦，往往瘵死。（湯）斌收其偶像，木者焚之，土者沉之，並飭諸州縣有類此者悉毀之，撤其材修學宮。教化大行，民皆悅服。

看來，湯巡撫確是一位不信邪、不怕邪的清官。他爲何如此痛恨五通神？如此大動干戈？這在他寫給皇帝的〈奏毀淫祠疏〉中，說得很清楚：

蘇松淫祠，有五通、五顯、五方賢聖諸名號，皆荒誕不經。而民間家祀户祝，飲食必祭。妖邪巫覡創作怪誕之說，愚夫愚婦為其所惑，牢不可破。蘇州城西十里，有楞伽山，俗名上方山，為五通所踞，幾數百年。遠近之人，奔走如騖。牲牢酒醴之餉，歌舞笙簧之聲，晝夜喧鬧，男女雜沓，經年無時間歇。歲費金錢，何止數十百萬？商賈市肆之人謂稱貸於神可以致富，借直還債，神報必豐。諺謂其山曰玉山，其下石湖曰酒海。蕩民志，耗民財，此為最甚。

更可恨者，凡年少婦女有殊色者，偶有寒熱之症，必曰五通將娶為婦，而其婦女亦恍惚夢與神遇，往往羸瘵而死。家人不以為哀，反艷稱之。每歲常至數十家，視河伯娶婦而更甚矣！

因此，湯斌決心效法戰國時的西門豹廢止河伯娶婦陋習，斷然採取果敢措施，大破五通神，爲百姓除一大害。

這個作惡多端的五通神，到底是怎樣一個妖邪呢？

(二)五通本是山魈精怪

《周禮·夏官·方相氏》記載了當時舉行喪禮時，儺儀（即驅逐疫鬼的儀式）的主持人要裝扮成方相氏（後世衍爲開路神、險道神），掌蒙熊皮，黃金四目，玄衣朱裳，執戈揚盾，帥百隸驅逐疫鬼。到了墓坑或墓室中，「以戈擊四隅，毆方良」。

這個方良就是危害屍體或亡魂的鬼怪。又叫「罔閬」、「蝄蜽」、「魍魎」，古代傳說中的精怪。《國語・魯語》中云：「木石之怪曰夔、蝄蜽。」夔在這裏是指一種「山魈」，跟「罔兩」（方良）是一個東西。它長的人面猴身，「仿人聲而迷惑人也」（《周禮正義》）。山魈是一種猴屬動物，狒狒之類。體長有三尺，頭大面長，眼小而凹，鼻子深紅，兩頰藍紫又深皺紋，腹部髮白，尾極短而向上，長有尖利長牙，性子凶猛，狀極醜惡。古代傳說以其爲山精、山怪和山鬼。蕭兵先生在《儺蠟之風・儺源》中考證，「方良」（魍魎、山魈）在後代的江南等地演化爲「五通神」。

明代李時珍在《本草綱目》中輯錄了很多猿妖猴怪的材料，並且說，這些怪類「近來處處有之，能隱形入人家淫亂，致人成疾，放火竊物，大爲家害。法術不能驅，醫藥不能治，呼爲『五通』、『七郎』而祀之」。

我國古代人們認爲猿猴性淫，世界其他民族有不少也有這種認識。我國稗史筆記中記載猿猴搶奪異性人類爲妻或爲夫的奇談，屢見不鮮。如隋唐間無名氏的〈補江總白猿傳〉、〈太平廣記〉卷四四四的〈歐陽紇〉、〈稽神錄〉中「老猿竊婦人」、《古今小說》中〈陳從善梅嶺失渾家〉、《剪燈新話》中〈申陽洞記〉等，都是著名者。明代著名小說家馮夢龍在《三遂平妖傳》第一回即以鶯脰湖猴精事入話，並附詩曰：

人生切莫畜獼猴，野性奔馳不可收；莫說燈花成怪異，尋常可耐是淫偷。

猿猴性淫，善誘異性男女的說法在民間流傳很廣，有些被記於野史。茲舉一例。

弘治間，洛陽民婦阿周，山行遇群猴，執歸洞中。一老猴妻之，群猴敬事不敢犯。日採山果為糧，或盜得米粟，周敲石取火，炊食之。歲餘生一子，人面猴身，微有毛。恒為老猴守視，不得脫。

一旦，老猴病疽，周拾毒藥傳而盲之。乘群猴出，遂攜子逃回夫家。（明·陸粲《說聽》）

這種傳說甚至直到今天還有，報刊上時而載文披露所謂「猴娃」之類事，可見其影響之深之廣。

由於五通源於惡鬼方良（魍魎），原型是喜淫人妻女的山魈、狒狒、猿精之類，所以五通在宋明清時期主要是以邪惡的淫鬼面目出現的。

(三)天下第一凶險淫鬼

記錄五通淫惡的史料不少，唐·鄭愚《大溈虛佑師銘》：「牛阿旁，鬼五通，專覷捕，見西東。」舊題唐・柳宗元《龍城錄》稱：「柳州舊有鬼，名五通。」宋・洪邁在《夷堅志・江南木客》中說：「大江以南，地多山，而俗禨（迷信）鬼。其神怪甚詭異，多依岩石樹木，爲叢祠，村村有之。二浙江東，曰『五通』；江西閩中，曰『木下三郎』，又曰『木客』；一足者曰『獨腳五通』。名雖不同，其實一也。」明・陸容《菽園雜記》亦載：「吳中有鬼善淫，俗名上方五聖，凡懷春之女多被污之。」記載最詳的是《夷堅志》，如《夷堅丁志》卷十九：

（五通神）尤喜淫，成為士大夫美男子，或隨人心所喜慕而化形，或止見本形，至者如猴猱、如龍、如蝦蟆，體相不一，皆矯捷勁健，冷若冰鐵。陽道壯偉，婦女遭之者，率厭苦不堪，羸悴無色，精神奄然。

有轉而為巫者，人指以為仙，謂逢忤而病者為仙病。又有三五日至旬月僵臥不起，如死而復蘇者，自言身在華屋洞户，與貴人歡狎。亦有攝藏挾去累日方出者，亦有相遇即發狂易，性理乖亂不可療者。所淫據者非皆好女子，神言宿契當爾，不然不得近也。交際訖事，遺精如墨水，多感孕成胎。怪媚百端，今紀十餘事於此。

建昌軍城西北隅兵馬監押廨，本吏人曹氏居室，籍入於官。屋後有小祠，來者多為所撫。趙宥之女已嫁，與夫侍父行，為所迷，至白晝出與接。不見其形，但聞女悲泣呻吟，手足撓亂，叫言人來逼己，去而視之，遺瀝正黑，浹液衣被中，女竟死。

趙不納妾，年可三十許，有姿態。嘗奏溷欲起，髻忽為橫木所串，閣於屋樑上，絕叫求救，人為解免，便得病，才數日死。

南城尉耿弁妻吳有祟孕，臨蓐痛不可忍，呼僧誦孔雀咒，吞符，乃下鬼雄，遍體皆毛。

陳氏女未嫁而孕，既嫁，產肉塊如紫帛包裹衣物者，畏而瘞之，女亦死。……翁十八郎妻虞，年少，乾道癸巳，遇男子，每夕來同宿，夫元不知，雖在房，常擲置地上或户外，初亦罔覺，但睡醒則不在床。虞孕三年，至淳熙乙未秋，產塊如頭大，棄之溪流，尋亦死。……

黃氏妻是夜遇物如蟆而長大，逼與交，孕過期乃生，得一青物類其父。胡氏妻黃，孕不交，占之巫，云：「已在云頭上受喜，神欲迎之，不可為也。」果死。新城縣中田村民李氏妾生子，軀於矬下，面目睢盱如猴，手足指僅寸，不類人。三弟皆然，今五六十歲。南豐縣京源村民丘氏妻，孕十年，幾時時腹中作聲，母欲出門，胎必騰踏，痛至徹心，不出方止。後產一赤猴，色如血，棄之野，母幸獨存。

以上所記諸事，皆爲婦女被怪物五通所迷，遭其淫媾，非狂即死。所產怪胎，或似鬼類，或如赤猴，或似猴娃，或爲毛孩，倒反證了「五通」的原形是猴猱、魈狒之類。

五通如此可惡而凶險，但人們卻奈何他不得。正如前引李時珍所說，這些「獨腳鬼」法術不能驅，醫藥不能治，只好呼爲「五通」、「七郎」而祀之。

㈣邪惡之鬼竟成神

五通被叫做「五通神」，是民間的尊稱，其實稱作「五通鬼」更恰當些。「五通神」這個尊稱，顯示了人們心懷畏懼、誠惶誠恐的敬神心理。

需要指出的是，「五通」之「五」並非實指，雖然有的五通廟中供有五尊人格化的神像，但他們有名無實，其實連名也沒有——無姓無名。這裏的「五」是虛指，泛指多數，古代數字中的「三」、「五」、「九」，常常泛指多數，所以「五通」是群妖鬼，當然單個的也可叫五通。

明清時期，人們對五通的崇奉祭祀既普遍又隆重，規格相當高：

> 家家置廟（五通廟）莊嚴，設五人冠服如王者，夫人為后妃飾。貧者繪像於板事之，曰「聖板」。祭則雜以觀音、城隍、土地之神，別祭馬下，謂是其從官。（明·陸粲《庚巳編》）

五通的祭祀不但家家皆有，而且被美化為最高級的神祇之一（冠服如王者，夫人爲后妃飾），甚至讓觀音、城隍這些大神陪祀，成了他們的從官！人們惹不起又躲不掉，只得討好獻媚！

中國南方山區對五通也極崇祀，五通在這裏被叫做「山鬼」、「獨腳鬼」，是山民最敬畏又厭惡，要時時祭祀、提防的惡鬼。在山區的山道旁，林深處、絕壁下，常建有三塊石頭搭架在一起的「山魈廟」，山民進山只要見到這些小廟，就要將隨身帶的飯菜，酒一些在廟的四周，算是廟祭。進山養菇、燒炭，需要在山中搭棚住宿的，也一定要在棚邊用三塊石頭搭個山魈廟，平日酒米飯祭奉，朔望之日還要燃香上供，祈求山魈（獨腳鬼五通）不要毀壞產品，更不要傷害人。

雖說五通可惡又可怕，鬧得人們忍氣呑聲，磕頭如搗蒜，可也確有不信邪的好漢，勇鬥惡鬼，爲民除害，大滅了五通的威風。

(五)鬥五通為民除害

開頭介紹的清康熙時之江寧巡撫湯斌是歷史上破五通爲民除害中，最著名的一位。另據明·徐道《歷代神仙通鑑》卷二一載：元末劉基初任高安尉，有民家女爲祟所魅，劉基教其識夜遊處。夜晚，此女又爲祟攜去。第二天，女告訴父母說：「已毀其門神左目。」劉基得知這一情況後，令人遍查神祠，最終查到一座五通神廟，此廟的門神左目被毀。劉基「命毀其像廟，祟遂絕」。劉基劉伯溫足智多謀，性剛嫉惡，後成爲明朝的開國功臣。他對作祟的五通鬼毀像拆廟，毫不留情。

蒲松齡在《聊齋誌異·五通》中，也介紹了兩位鬥五通的英雄。江浙五通爲祟，民家美婦輒被淫污，父母兄弟，皆莫敢息，爲害尤烈。有個叫趙弘的典商，妻子閻氏十分美貌。一夜，有個魁梧男人從外而入，自稱五通神四郎，抱起閻氏腰如舉嬰兒，「置床上，裙帶自開，遂狎之。而偉岸甚不可堪，迷惘中呻楚欲絕。」以後閻氏屢被五通四郎奸淫，不勝羞憤，投繯自盡而不成，苦不得死。丈夫趙弘知道後，也不敢聲張。

趙弘表弟萬生，剛猛善射，偶來趙家，發現五通爲祟，接連殺死五通中的四通。萬生名聲大振，於是附近素患五通者，皆拜請萬生一宿其家除祟。剩下的那一通，也不敢公然爲害了。

寫到此，蒲松齡道：「五通、青蛙，惑俗已久，遂至任其淫亂，無人敢私議一語。萬生眞天下之快人也！」（《聊齋誌異》卷十）

書中還記有一件懲治五通事。蘇州人金王孫與金龍大王之女霞姑相好。金王孫的外甥女因被五通所惑，懇求霞姑除之，霞姑便派自己的貼身婢女見機行事。這位姑娘果然不凡，用計「捉而閹之」，竟將其陽具割下，五通「驚嗥遁去」。世傳五通陽具壯偉，被淫婦女往往不堪忍受，霞姑的婢女「斬草除根」，把五通幹壞事的「本錢」乾脆除掉，使其再也不能爲害婦女，亦一「天下之快人也」！

《聊齋》所述雖爲民間傳說，但反映了人們對五通的痛恨，盼望有人能爲民除害。

㈥近代五通信仰及「借陰債」等迷信活動

舊時五通信仰以蘇州上方山爲最，這裏的迷信活動又以「借陰債」爲最。所謂「借陰債」就是向廟裏借回元寶——自然是紙做的——以期發財的一種習俗。

湯斌折像毀廟後，一百多年後的道光年間，上方山香火又死灰復燃，江蘇按察使裕謙效法湯斌，勒令毀廟。此後屢毀屢建，禁而不止。借陰債的活動只是一時有所收斂，實際從未絕跡，並愈演愈烈。

借債者來到廟裏，依次供上香燭糧錢，齋獻供品，叩頭默禱。這時男覡女巫在一旁開出借貸條件，借者接受條件後，便從桌上取下四只紙製小元寶，帶回家中放在正房內。若隔幾日元寶沒有走樣，證明五通已應允借貸；若元寶已經癟了，則證明沒有借到。有時也採取求籤的方法來借債，抽到上簽、中簽的，便是借到了，借者歡天喜地；抽到下簽，只有垂頭喪氣了。

借了陰債之後，如果眞的發了財，每逢朔望借債人都要在家中燒香拜神，在農曆八月十八廟會前後，還必須到上方山去燒香解錢糧，向神償本付息，如果本人死了，子孫必須繼續償清。爲此，蘇州還留下了一句歇後語：「上方山的陰債——還不清。」

借陰債的有許多商人、財主、軍政人員，借時以重香重物祈神，除香燭外，還要備豬頭三牲、新鮮果品、糕餅等。元寶（儘管是紙做的）也不能白「借」，過去大約要幾十擔米價，才能「借」回一只紙製大元寶。大元寶借回家後，要燒香點燭，招財進門。看來，這個「債」窮人是「借」不起的，也難說，連肚子都混不飽，還指望發大財？

祭祀五通 （清）

除了借債求財以外，還有許願、還願、求子、寄名等習俗。

現在上方山頂的建築是一九八七年修建的，儘管它已不是正規的廟宇，但與上方塔（又叫楞伽塔）一起，仍然是上方山信仰、五通崇拜的中心。整個塔院建築坐北朝南，從院門進入塔院是一個小天井，穿過天井便是正殿，正殿面闊五間，進深四間。正殿中間的長桌上，供著一尊鑲有紅木框架的磁質彩繪像，正中是一位梳著高高髮髻端坐在椅子上的老夫人，兩個使女打著撐傘手執拂塵侍立兩側。這位老夫人就是所謂「老太姆」

了。

老太姆何許人？

原來她是五通的「母親」。據《丹午筆記》載，湯斌毀掉五通神像時，「惟五聖之母名曰太姆，僧移像匿於塔內，漏網未毀，尚有愚民燒香焉。」五通作爲淫祀，屢遭官方禁絕，但五通信仰是禁而不絕，一些人不敢明目張膽地供奉五通，遂弄出了個太姆——五通之母——來代替五通。今天上方山正殿裏的太姆像，其實是件贋品，本是私家畫像，走私出境時被截獲，不料因禍得福，被好事者請到這裏享受人間香火。（參見《中國民間文化》第六集第二四六頁）

每年農曆八月十八日，上方山有廟會風俗。蘇州城鄉、上海、無錫、常熟，乃至浙江嘉湖等地的善男信女，蜂擁而至，焚香膜拜，求財求子，求醫求壽，還有文藝節目、武術雜技等文化活動。如今，上方山廟會期間進香者已有十幾萬人，將來會有增無減，越演越烈。

一四　煞神

人類社會有一個十分有趣的現象，就是活人怕死人，更明確地講，是怕死人變成的「鬼」

，即使是親屬的亡魂也怕得不得了。煞神（又叫煞鬼）便是其中之一。煞，指鬼魂。北齊・顏之推《顏氏家訓・風操》說：「死有歸煞，子孫逃竄，莫肯在家，畫瓦書符，作諸厭勝。」這是說，人死後若干天後，他的鬼魂還要返回故宅，有煞神隨之，子孫親戚都要離開家躲避，還要畫瓦書符，厭勝鎭邪。以後「煞」專指凶神惡鬼，所謂凶神惡煞。

煞神的名聲雖然凶惡，但他們的模樣並不像牛頭馬面、夜叉小鬼，而是飛禽一類的怪物。唐・張讀《宣室志・補遺》載：

俗傳人之死，凡數日，當有禽自柩中而飛者，曰：「煞」。太和中，有鄭生者，嘗客於隰州，與郡官畋於野，有鷹得一巨鳥，色蒼，高五尺餘。生將命解而視之，忽亡所見。生驚，即訪里中民訊之，有對者曰：「里中有人死且數日，卜人言，今日『煞』當去，其家伺而視之，有巨鳥，色蒼，自柩中出。君之所獲，果是乎？」

這裏的「煞」是一隻五尺多高、蒼色巨鳥樣的怪物，飄忽不定，能自行隱去。

周作人在〈花煞〉一文中說，「煞本是死人自己，最初就是他的體魄，後來算作他的靈魂，其狀如家雞。再後乃稱作煞神，彷佛是『解差』一類的東西，而且有公母兩隻了。」爲什麼會像公雞呢？周作人解釋說：「凡往來飄忽，或出沒於陰濕地方的東西，都常以代表魂魄，如蛇蟲鳥鼠之類，這裏本來當是一種飛鳥，但是後人見識日陋，他們除了在眼前的雞鴨以外不記得有別的禽鳥，所以只稱他是家雞，不管他能飛不能飛了。說到這裏，我覺得紹興放在靈前的兩隻紙雞，大約也是代表這個東西的，雖然他們說是跟死者到陰間去吃痰的，而中國人也的確歡吐痰。」

煞神不但有了性別之分，在江南一帶還曾流傳過一種「花煞」，所謂「花煞」是一種女性煞鬼，是專門找新娘作替身的。在一部叫《花煞卷》的寶卷裏，講述了一個新娘被人強搶去成親，後來自殺變成「花煞」的故事。所以，成親當天，男方發轎時照例有人拿著一面鏡子、一個熨斗和一座燭台，在轎內亂照一氣，施行「搜轎」的儀式，這大約就與趕走花煞有關。新娘子遍身穿紅，而且熏透芸香，也是爲了避邪。

我國有些少數民族也有煞神迷信，如土家族婚嫁時有一套驅邪逐鬼的儀式，叫做「回神遣煞」。新娘花轎抬到男方家門外時，土老司（迷信職業者）排香案攔轎祭禮，他手提公雞，用口將雞冠咬斷，作法畫符，將雞血淋洒在花轎四周，以驅趕路途隨轎附至的邪煞鬼怪，然後，才揭開轎帘，新娘出轎，俗稱「遣煞啓轎」。土老司還手執白茅蠟葉，中夾爆竹，點燒後劈剁作響，在新娘面前熏燒，爲了趕跑新娘帶來的「邪煞」。

瑤族同胞則把婚禮驅鬼叫做「斷煞」。男方由四人化裝成四鬼在半路上攔截女方的送親隊伍。這四個「鬼」臉上塗抹顏色，身披蓑衣。女方送親者見到「鬼」後，立即口唸巫詞，手搖銅鈴將「鬼」趕跑。新娘進了男家後立即用水洗淨身子，並在屋中撒鹽、茶、米。

苗寨婚禮中也有「斷煞」儀式。新娘出門後，引親娘手舉黑布傘走在前面，開路驅鬼，路上怕鬼纏身，故不停留。送親隊伍不能隨便進入男方寨子，男方要點燃一堆柴火，拿一隻大紅公雞，口中唸咒，用嘴咬破公雞冠子，手指蘸雞血在空中劃三下，將雞從火堆上丟過花轎，表示鬼煞已經被驅趕走了。這時新娘才下轎進寨。

由於煞神被看成是傷害人的凶鬼，所以舊時也被巫覡利用，作爲謀財害命的邪術內容。清代最著名的長篇小說《紅樓夢》中，就有個專以邪魔外道騙取錢財的馬道婆。馬道婆先在賈母處慫恿老祖宗布施供佛燈油，爲寶玉除邪消災；轉身即受趙姨娘買囑，密收銀契，陰施魘魔法，欲將寶玉、鳳姐兩個咒死。後來案發，從她家中抄出了好些泥塑的煞神，幾匣子悶香。炕背後空屋子裏掛著一盞七星燈，燈下有幾個草人，有頭上戴著腦箍的，有胸前穿著釘子的，有頂上拴著鎖子的。最後被刑部監問了死罪。看來，清代民間以泥塑或木雕煞神咒人的現象大概不少。

因傳說煞鬼（煞神）返回家中時會傷害人，「某日殃煞（即煞鬼）當還，重有所殺，宜出避之。」（宋・徐鉉《稽神錄》）所以民間有不少「趕煞」、「回煞」、「避煞」和「接煞」的禁忌及風俗。

趕煞　是漢族舊時出殯前的一種驅邪儀式。流行於南方廣大地區，尤以安徽江淮地區爲盛。出殯前，喪家延請道士作法，道士身著道袍，手搖法鈴，口唸咒語，繞屋而行。房屋每一角落，乃至廁所、豬圈，都要搜索，謂之「趕煞」，即爲趕走鬼煞，以免家人受害。有些地區還盛行這一風俗，即道士在搜索廚房時，要在灶神牌位前敲碎一只飯碗，表示亡者不再食用人間飲食，要將死者鬼魂趕離家園，讓其前往陰間。

斬煞 流行於江南地區。是亡者屍體入棺後舉行的一種驅邪儀式。據《西石城風俗志》載：「（祀太平神）咒畢，虛揮廚刀，&水以洒柩前及屍臥處，俗名『斬煞』。」我國有些少數民族在埋葬死者前的驅鬼習俗，與漢族的斬煞十分相似。如舊時苗族有「懸屍驅鬼」的儀式，苗人死後，將死者遺體置於竹床上，床的一端用麻繩繫在扆樑上，另一端插入墻壁上鑿通的兩個洞內，晝夜吹響蘆笙，擊鼓，跳舞，並舉行六次驅鬼儀式。由四人進行，一人吹牛角，一人射箭，一人持火把，一人持鐵刀，繞死者的房屋九圈進行驅鬼。

布依族則是用抽打靈柩的辦法驅鬼。在給死者下葬壅土之前，由一個人用抬靈柩的棕繩，一邊抽打棺木，一邊大聲唸道：「天綠綠，地綠綠，凡人死了入棺木。」接著，又邊抽邊問：「五鬼邪惡出不出？」眾幫忙者手拿泥沙，一邊往靈柩上拋打，一邊回答：「出！」幾次問答以後，才正式壅土安葬。

哭煞氣 這是漢族喪葬習俗。在很多地區流行。然氣就是指傷害人的鬼氣、邪氣。人死後，喪家女眷要嚎啕大哭，以哭聲越響越好，一是爲死去親人而傷心，二是認爲大哭能避煞氣，稱「哭煞氣」。過去很多漢族地區盛行唱哭喪歌的習俗，病人從斷氣、穿壽衣、梳頭、戴帽子、入材，乃至出殯、做七等，有許多過程，每一過程都伴隨一種唸唱的哭喪歌，有「斷氣經」（這裏的「經」是指與儀式緊緊聯繫的哭喪歌）、「換衣經」、「梳頭經」、「壽材經」等，哭唱者大多是婦女，痛哭流涕，悲涼感人。近年來，上海民間文藝家協會僅在南江一縣就搜集到了哭歌一萬多行，內容十分豐富。

回煞　避煞　是漢族的一種喪葬習俗，流行於全國各地。認爲人死後，其魂魄會於十數日內某一時日返回家中，時有凶煞出現，稱爲「回煞」，也叫「回殃」。陰陽先生按照人死時的年月干支，推算出回煞的時間，以令家人離舍相避，故又稱「避煞」。北齊・顏之推《顏氏家訓・風操》云：

> 偏旁之書，死有歸煞，子孫逃竄，莫肯在家。畫瓦畫符，作諸厭勝。喪出之日，門前燃火，户外列灰，祓送家鬼。

「歸煞」，即「回煞」。明・戴冠《濯纓亭筆記》卷七稱：

> 今日陰陽家以某日人死，則於某日煞回，以五行相乘，推其殃煞高上尺寸，是日，喪家當出外避之，俗云避煞。

但也有不信這一套，想看個新鮮的，清・和邦額在《夜譚隨錄》卷二〈回煞〉中記載數則：

予友德書紳，不幸短命。方其弱冠時，季弟歿。出殃之夕，德不信，一更後，潛之窗下窺之。室中一燈熒熒，毫無所見，因笑流俗之妄。才思卻回，忽見小旋風起燈下，有黑物如雨網罩几上，燈焰綠如熒火，光劍如錢，倏暗。德伏窗外，如醉又如夢，不能動履，但覺燈明則神思如寤，燈暗則毛髮盡張。俄而黑物不見，燈驟明，德氣始舒暢。聞耳畔有聲甚雜，蓋家人尋覓至此，呼叫之也。德面色如土，數日失神。每向予述之，為不妄也。

德書紳只是被嚇壞了，沒有馬上送命，還有比他倒霉的：

城北徐公家，一老嫗死。際回煞，徐二子皆少年好事，相約往觀。初無怪異。將去之，燈忽驟暗，隱隱見一物如象鼻，就器吸酒，唶唶有聲。欻然墜地上，化為大貓而人面，白如粉，繞地旋轉，若有所覓。二子驚悸，發狂震駭。家人詰得其故，交責不已。……徐二子相繼病死。

以上所述煞鬼形象已不是雞類怪物，有的是黑物如魚網；有的如象鼻，繼而化爲大貓而人面；另外幾例則又說若一蝟，化爲濃煙滾滾四散；還有的是一尺餘婦人，直撲窗隙，旋化爲黑煙一團隨風而散。眾說紛紜，越說越玄，越說越可怕。言之鑿鑿，不由得你不信！

避煞時，一般喪家要在凶煞日置備酒脯食物，燃插香燭，全部人員皆退出靈堂。在地上撒滿草灰，閉住房門，門口倚放竹竿，竿上粘以紙錢。待煞日一過，馬上鳴放爆竹，人們開門進房看看室中灰地有無印跡走過。據說亡者是何屬相，即現何足跡。《夜譚隨錄》的作者也認爲這些「未可盡信」，只是「習俗移人，賢者不免，所謂相率成風，牢不可破者也」！迷信習俗的勢力是驚人的。

接煞　《通俗編》稱：「陰陽家以人死年月日之干支，推算其離魂之日數，自九日至十八日，謂死之後，如其日數而魂來復。於是具死者衣冠，用巫祝抬之，俗謂接煞。」接煞者以死日干支推算，以甲巳子午爲九，丙辛寅申爲九。假如甲寅日死，則在十六日接煞。這一天，要在靈堂掛起白布幔，設靈位，靈桌上供神主、男女紙俑、杯筷、香燭，還有糕餅、素食等。子女穿孝服，站立靈桌旁。

雌雄二煞（清）

接煞時，死者房內設一靈位，以臨終換下衣服，披於椅上（有的地區死者的床上要做一個假人，穿上死者死時穿過的衣服，如眞人臥睡一般）。桌上擺木盤一個，鏡子一面，並點上琉璃油燈一盞。由道士坐在旁邊唸《度人經》一卷。唸畢，打掃房內，送出街中央。再以雞蛋、雞血盛在瓷碗裏，用廚刀打碎擲於門外，以此除去不祥之氣，並認為煞神見之即去。

雖然煞鬼極其凶惡，撲人害命，人人都十分畏懼，趕煞避煞，但也有敢跟煞神較量的好漢。宋代開國皇帝趙匡胤就是其中的一位。民間流傳著不少趙匡胤殺鬼的故事，湖北一帶就有個「『煞雞』搬家」的傳說。

相傳五代時候，趙匡胤當過一陣子貨郎，曾在湖北一帶出沒。有一天他推著貨車趕路，夜晚來到一個村子，找到一家投宿。這家剛死了人，有幾個穿孝服的人正在家「守煞」。他們見趙匡胤來借宿，就順水推舟地讓他替自己守煞。趙匡胤睡在堂屋床上，大約三更時分，他猛然被驚醒，聽到像是鳥拍打翅膀的聲音，又聽到什麼東西落在房瓦上。趙匡胤趕緊拿起開山棍，悄悄隱到門後。

借著燭光，趙匡胤看見院中出現兩隻雄雞頭，接著兩隻大鳥的身子飛了進來，直往供桌飛去，有幾支蠟燭被翅膀搧滅了。趙匡胤從門後閃出，堵住門叫道：「你今天想活就難！」說完揮棍向其中一隻打去，「啪」地一下，便把它打落在地。另一個見勢不妙，趕緊逃了出去。趙匡胤把地上的東西拾起來一看，是隻挺肥的公雞，心中高興，就把它烤熟吃了。他吃了大半隻，還剩了條雞腿，天已亮了，他便把那隻雞腿留給了房主人，趕路去了。

第二天，人們進屋一看，桌上有條熟透的人腿（留下的雞腿變的）。那隻逃走的「煞雞」

到哪兒去了呢？原來，它把「你想活就難」誤聽為「你到河南」，跑到河南去了。從此，湖北就沒有了「煞雞」了。

無獨有偶，浙江嘉興桐鄉上市鄉有個陳家赦村，相傳當年趙匡胤曾路過這裏，在村中遇一煞鬼，一棍將其打死，並把它吃掉，並說：「讓這個村子從此不再有煞鬼。」以後這個村煞鬼不敢進，也不再回煞、接煞了，這個村子也改名為「陳家赦」。

以上故事雖是傳說，但到底說明了邪不壓正，人不必怕鬼！

四值功曹　（清）

一五　四值功曹

四值功曹，是道教所信奉的值年、值月、值日、值時的四位小神。「功曹」本為人間的官吏名稱。在漢朝是州郡長官的幫手，有功曹、功曹史。主要工作是考查記錄功勞，掌管功勞簿。北齊以後叫功曹參軍。到了唐朝，在府的還叫功曹

四值功曹　（清）

參軍，在州的則叫司功參軍。道教在編織神仙天廷世界時，也給玉帝等大神配備了這一記功官。《西遊記》謂，孫悟空大鬧蟠桃會，反出天宮後，玉帝大怒，即派四天王，協同李天王並哪吒太子，點二十八宿、九曜星官、十二元辰、五方揭諦、四值功曹等，布下一十八架天羅地網下界，來捉那妖猴。不過，這場惡戰四值功曹倒落了個輕閑，天兵天將被齊天大聖打得大敗，哪有什麼功勞可記？後來還是請來了二郎神，才拿住了孫猴子。

四值功曹除了是記功官，還作守護神將。他們和護教伽藍、六丁六甲、五方揭諦等，奉菩薩法旨，暗中保護唐僧。每當唐僧遭難，孫悟空又不在身邊時，他們就成了唐僧的保鏢。此外，他們又充當傳令官。如第三十二回《平頂山功曹傳令　蓮花洞木母逢災》，就是值日功曹變了個樵夫，給唐僧師徒通風報信，讓他們事先做個準備。四值功曹中以值日功曹最累，因爲他每天值日當班司事，又叫當值功曹。古典小說中，寫法師、道長作法請神時，動不動就是：「值日功曹何在？」還得隨叫隨到，怎能不累？

功曹本為書吏，道士們自然不會讓他們閑著。他們宣稱，凡是人間「上達天廷」的表文，焚燒後就是由四值功曹「呈送」的。如《金瓶梅》第三十九回，寫西門慶在玉皇廟打醮，道官鋪設許多文書符命，其中一道就是請功曹符使等神「捧奏三天門運遞關文」。四值功曹又為冥府值班神，是些低級冥吏。如《金瓶梅》第六十六回，黃真人煉度薦亡時，齋壇上「金童揚煙，玉女散花，執幢捧節。監壇神將，三界符使，四直（值）功曹，城隍社令，土地祇迎，無不畢陳」。《紅樓夢》第十三回，秦可卿死後大辦喪事，僧道念經作法的宣壇上有榜文也書寫著「恭請諸伽藍、揭諦、功曹等神，聖恩普錫（賜），神威遠鎮」等語。

《金瓶梅》和《紅樓夢》是明清時代社會生活的真實寫照。道教和世俗對四值功曹的信奉，於此可見一斑。

六丁六甲　（明）

一六　六丁六甲

六丁六甲與二十八宿、四值功曹、三十六天罡、七十二地煞等，都是道教中常說的神將群。道士齋醮作法時，常用符籙召請他們「祈禳驅鬼」。道經中即有《靈寶六丁祕法》和《上清六甲祈禱祕法》。早在漢代，就有方士用六丁之法「占夢」。《後漢書·梁節王傳》即載梁節王「數有惡夢，從官卞忌自言能使六丁，善占夢」。他役使六丁的方法是，先齋戒，然後其神至，「可使致遠方物，及知吉凶也」。後來衍變為六丁六甲。

六丁六甲是合稱，包括十二位神。即六丁：丁卯、丁巳、丁未、丁酉、丁亥、丁丑；六甲：甲子、甲戌、甲申、甲午、甲辰、甲寅。《無上九霄雷霆玉經》說：「六丁玉女，六甲將軍。」《續文獻通考》說得更為明確：「丁卯等六丁，陰神玉女也。甲子等六甲，陽神玉男也。」道書上宣稱，六丁六甲能「行風雷，制鬼神」。

六丁與六甲，名稱全取於干支，應是值日神演化組合而成。這十二神最初是眞武手下大將。宋代陸游在《老學庵筆記》中，就談到他親眼見過撫州紫府觀眞武殿「像旁設有六丁六甲神，而六丁皆為女子像」。據《眞武本傳妙經》記，六甲神將的名諱是：甲子水將李文思、甲戌土將李守通、甲申金將李守全，甲午火將李守左、甲辰風將李守進、甲寅木將李守遷。但這些名字與《三才圖會》和《老君六甲符圖》所記不同。後者所記名諱如下：

甲子神將王文卿，甲戌神將展子江，甲申神將扈文長，甲午神將韋玉卿，甲辰神將孟非卿，甲寅神將明文章。丁卯神將司馬卿，丁丑神將趙子任，丁亥神將張文通，丁酉神臧文公，丁未神將石叔通，丁巳神將崔石卿。

六丁的大名，看起來實在不大像女性。六丁六甲雖爲眞武部將，可還得聽玉帝調遣，所以他們常和二十八宿等，成群搭夥地到各處平息「叛亂」。可這十二位神將，除了性別之外，很難讓人記住她們和他們的名字，這是一群沒有什麼個性的「烏合之神。」

作爲宗教藝術品來說，六丁六甲神像也有塑得好的。武當山元和觀內，有六尊精美的六甲神像，均爲銅鑄鎏金，各高六尺許，總重量有一萬多斤。六甲的神態各異，造型巧絕，爲明代所鑄，具有很高的文物和藝術價值。

道教還有一種六甲符籙，用來「除惡驅鬼」。《雲笈七籤》卷十四稱：

若辟除惡神鬼者，書六甲、六乙符持行，並呼甲寅，神鬼皆散走。

在舊小說和戲曲中，有「六甲天書」的說法。所謂「六甲天書」，是道教編撰的據稱可以驅遣鬼神、呼風喚雨的法術祕書。著名講史小說《三國演義》第一〇一回寫諸葛亮與司馬懿在隴上相持，孔明裝神迷惑魏軍，司馬懿傳令眾軍曰：「孔明善會八門遁甲，能驅六丁六甲之神。此乃六甲天書內『縮地』之法也。眾軍不可追之。」小說雖依據歷史寫成，但諸葛孔明已被小說家神化，他的一些「法術」，是後人强加的。

這種「六甲法」（又稱「遁甲」）到底是什麼名堂呢？歷史作出了回答。北宋末靖康元年（一一二六年），金國大軍圍困京城汴京。當時城內守軍很少，援軍早已被遣散，形勢十分危急。同知樞密院事（負責全國軍事的長官）孫傅，一天讀丘濬《感事詩》，其中有「郭京楊適劉無忌」之句，一下心血來潮，就在城中找叫郭京的。果然讓他找到了。這個郭京，是龍衛兵中的一個小卒。郭京稱會施「六甲法」，用七千七百七十七人，可生擒金將退敵。

宋欽宗和孫傅等聞聽大喜，授以官職，賜金帛數萬。郭京所募「六甲神兵」，皆爲市井無賴、地痞流氓。京城有些人，看郭京一下發了大財，眼紅起來，也自稱「北斗神兵」、「天闕大將」，模仿郭京那一套，招兵買馬，鬧得汴京城烏煙瘴氣。郭京還吹牛說：「擇日出兵三百，直襲擊至陰山（今內蒙古大青山）！」

但沒等郭京去搗敵人的「老窩」，金軍便開始攻城。郭京的「六甲神兵」本是烏合之眾，一交戰便稀里嘩啦四散奔逃，在城樓「作法」的郭京見狀不妙，大開城門，逃得無影無蹤。金軍乘機攻入城中，汴京失守。郭京的「六甲法」，加速了北宋王朝的滅亡。

一七 孟婆神

《閻王經》說，各類鬼魂在各殿依次受刑受苦後，最後押解到第十殿交與轉輪王。此殿是專管投生的。凡發往投生者，「先令押交孟婆神，醧忘臺下，灌迷飲湯，使忘前生之事」。這位孟婆把守著陰間最後一關，權力不小。孟婆的來歷如何呢？

孟婆與孟婆亭　（清）

據《玉歷至寶鈔・玉歷之緣起》詳載其事：孟婆神，生於前漢，幼讀儒書，壯誦佛經。凡有過去之事不思，未來之事不想，在世唯勸人戒殺吃素。年至八十一歲，鶴髮童顏，終是處女。只知自己姓孟，人故皆稱之曰「孟婆阿奶」。入山修眞，直至後漢。世人有能知前世因者，妄認前生眷屬，好行智術，露泄陰機。是以上天敕命孟氏女爲幽冥之神，造築醧（同《飫》，飽足也）忘一臺，准選鬼吏使喚。將十殿擬定發往何地爲人之鬼魂，用採取俗世藥物，合成似酒之湯，分爲甘、苦、辛、酸、鹹五味。諸魂轉世，派飲此湯，使忘前生各事。……如有刁狡鬼魂，不肯飲呑此湯者，腳下現出鉤刀絆住，上以銅管刺喉，受痛灌呑。

這位專門給鬼魂喝「迷魂湯」（孟婆茶）的孟婆，在民間影響不小，許多文人作品都談及這一典故。孟婆在陰間特蒙閻王恩准開的茶館，又叫「孟婆店」，孟婆店所在處當然叫「孟婆莊」了。清人沈起鳳《諧鐸》卷八《孟婆莊》講了個孟婆莊的故事：

葛生與歌伎蘭蕊之妹玉蕊相愛，後蘭蕊病死，葛生因貧不能娶玉蕊，遂以情死。閻王可憐葛生無辜，判令投生。葛生「至一處，牽蘿爲棚，鋪石作几。見男女數百輩，爭瓢奪杓，向爐頭就飲」。葛生口渴，也想就飲。忽然棚後出來一女子，一看，蘭蕊也。蘭蕊問清緣由，乃悄聲對葛生道：「君不知耶？此孟婆莊也！渠爲寇夫人上壽去，令妾暫司杯杓。君如稍沾餘瀝，便當迷失本來，返生無路。」後來，靠蘭蕊幫忙，指示歸路，葛生得以返回人間。

葛生靠了大姨的「後門」，才免遭飲孟婆茶「迷失本來」之苦。

孟婆茶，又稱孟婆湯，而叫得最響的是「迷魂湯」。清人王有光在《吳下諺解·孟婆湯》中描繪了眾鬼魂被灌迷魂湯情景：「人死去第一處是孟婆莊鬼。諸役卒押從牆外經過，赴內案完結。生前功過，注入輪迴冊內，轉世投胎，仍從此莊行過。

有老嫗留進，升階入室，皆朱欄石砌，畫棟雕粱，珠簾半捲，玉案中陳。嫗呼女孩，屏內步入三姝：孟姜、孟庸、孟戈，皆紅裙翠袖，妙常笄，金縷衣，低喚郎君，拂席令之坐。

小鬟端茶，三姝纖指奉甌送至，手鐶丁丁然，香氣襲人，勢難袖手。才接盃便目眩神移，消渴殊甚，不覺一飲而盡。到底有渾泥一匙許，抬眼看時，嫗及姝皆僵立骷髏，華屋雕牆，多變成荒郊，生前事一切不能記憶。一驚墮地，即是懵懂小孩矣。」

有意思的是，傳說有人碰巧沒喝上迷魂湯，投生後前世記憶猶新。清．趙吉士《寄園寄所寄》卷五載：宣府都指揮胡縉有妾，死後，八十里外民產一女，生便言「我胡指揮二室也」。……因呼之「前世娘」。女言幽冥間與世所傳無異，又言：「死者須飲迷魂湯，我方飲時，爲一犬過，踣而失湯，遂不飲而過，是以記憶了了。」

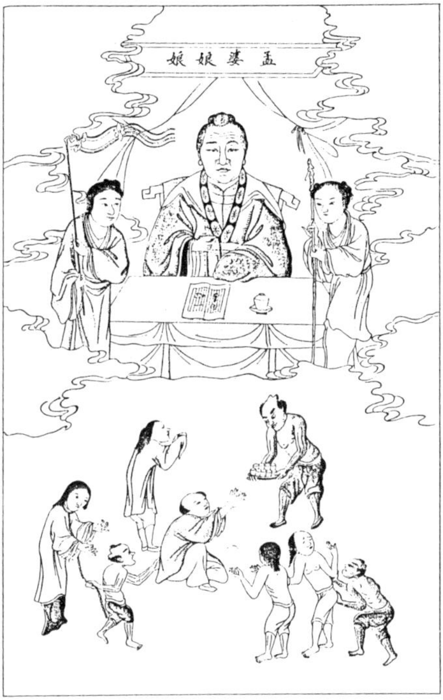

孟婆神　(清)

一八　牛頭　馬面

牛頭、馬面是迷信中陰曹地府的鬼卒。牛頭又叫阿傍、阿防。《五苦章句經》說：「

獄卒名阿傍。牛頭人手，兩腳牛蹄，力壯排山，持鋼鐵釵。」

牛頭　馬面　（清）

《通俗編》引《冥祥記》稱：

「宋何澹之得病，見一鬼，形甚長壯，牛頭人身，手持鐵叉。沙門慧義曰：『此牛頭阿傍也。』」

據《鐵城泥犁經》說，牛頭「於世間爲人時，不孝父母」，死後變爲鬼卒，牛頭人身。有的佛經牛頭又作「防邏人」，取巡邏訪捕逃跑罪人之義。

馬面又叫馬頭羅刹，「羅刹」爲惡鬼，故馬面羅刹即馬頭鬼。形象爲馬頭人身，與牛頭是老搭擋，有如人間衙門中的衙役張千、李萬；董超、薛霸。《楞嚴經》卷八稱：

「亡者神識，見大鐵城，火蛇火狗，虎狼獅子，牛頭獄卒，馬頭羅刹，手執槍矛，驅入城內，向無間獄」。

在民間傳說中，牛頭馬面有時是閻王、判官的爪牙；有時二鬼愛佔點小便宜，會幹出違法亂紀的事來（見冉紅《鬼城傳奇·馬面徇私亂添壽·牛頭馬面貶職》）；有時對一些受迫害的硬漢子尚有同情心（《聊齋誌異·席方平》）。這些也正是古代人間差役們的複雜形象。

牛頭馬面等鬼卒，本出自佛教，後被道教吸收。在佛寺中並不常見，倒是在東嶽廟等道觀中，能見到他們的影子。

一九　黑無常　白無常

黑無常　白無常　（清）

無常，是民間迷信所謂人死時，閻王派去勾攝生魂的「勾魂鬼」，有黑無常和白無常兩種。古人有詩曰：「一朝若也無常至，劍樹刀山不放伊。」無常鬼著實厲害。佛教有無常使者的說法：

閻魔法王遣閻魔卒，一名

奪魂鬼，二名奪精鬼，三名縛魄鬼，即縛三魂至門關樹下。

——《十王經》

以上三鬼即無常使者。無常是專門勾魂的，所以誰要「見」了它也就要壽終正寢了。無常的模樣被人們描繪得十分可怕：素衣高帽，長髮，口吐長舌。清人李慶辰在《醉茶志怪》中，記有幾則無常事。卷二《小無常》說：有個秀才郭海帆，夜醉歸。遇一鬼，高如十餘歲童子，素衣高帽，立道左，頗似廟中土偶。郭疑童子戲爲也，叱之曰：「夜深矣，何處童子猶不歸寢，街前惡作劇以駭行人？將尋汝父兄切加責之！」

鬼立如故，郭竟過，走數武，忽悟其爲鬼，酒頓醒，兩足戰慄不能步，爲巡更者送至其家。

這位郭秀才是在疑神疑鬼，自己嚇唬自己。

卷二《無常二則》又云：

「邑某醫，夜乘肩輿，路過城隍廟。轎夫忽停步不前。怪而隔簾視之，見二大鬼高俱盈丈，一衣白，一衣青，昂然闊步至寺前。門忽豁然自闢，揖讓而入，門復自合。時月色光明，纖毫畢見。歸後不數日，醫與轎夫四人亡其三焉，獨在轎後未見鬼者存免。

予伯祖母朱氏幼，其姐患痘，將危。朱入室，見堂中立一鬼，高及屋梁，白衣高冠。

朱鷥僕，救起，病月餘。其姐於是夕遂亡。」

以上不過是作者聽到的一些傳聞，並非親眼所見，只可作傳奇故事來讀，有如《聊齋》耳。

二〇　夜叉　羅刹

夜叉（《大千圖說》）

夜叉，對中國民眾來說很熟悉，它不但是地獄中的鬼卒，還是四海龍王的巡邏兵——巡海夜叉。夜叉形象凶惡而不祥，所以《紅樓夢》中的賈璉，背地裏大罵自己的老婆王熙鳳是「夜叉星」。至今人們還把一些凶惡厲害的女人叫做「母老虎」或「母夜叉」。看來，夜叉的名聲確實不太好。

可就是這個背有惡名的夜叉，卻是佛教的護法神「天龍八部」之中的一部。天龍八部為：(1)天眾；(2)龍眾；(3)夜叉；(4)乾達婆（香神和樂神）；(5)阿修羅（惡鬼）；(6)迦樓羅（金翅鳥）；(7)緊那羅（歌神）；(8)摩睺羅迦（大蟒神）。

其實，夜叉並非漢話，而是外國話，是梵文 Yaksa 的音譯，意思是「能啖鬼」、「捷疾鬼」、「勇健」、「輕捷」等。音譯又作「閱叉」、「藥叉」、「夜乞叉」。《玄應音義》卷三稱：「此譯云『能噉鬼』謂食噉人也。又云『傷者』，謂能傷害人也。」《法華玄贊》卷二云：「夜叉，此云勇健，飛騰空中，攝地行，類諸羅刹也。」《注維摩經》卷一說夜叉有三種：「一在地，二在虛空，三天夜叉也。」這種吃人害人的惡鬼竟被佛教吸收為護法神，實在有些奇怪，這似乎與佛陀救人度人的主旨大相徑庭，抑或因其勇健輕捷，能騰空地行，有如《封神榜》裏的雷震子、土行孫，佛門看中了它的武藝？他們皈依了佛門後，充作護法小神。

佛教中的夜叉還眞不少，北方毗沙門天王就率領夜叉八大將，以護眾生界（《大日經疏卷五》），並各有姓名。《陀羅尼集經》卷三還有十六大藥叉（夜叉）將的說法，並每一大夜叉將，手下各有七千小夜叉，總共十幾萬夜叉！地獄迷信流行以後，夜叉又以陰間小鬼的身份，充當起各地獄中施行刑法的鬼卒來。

夜叉又常與羅刹相提並論，二者皆為惡鬼。

羅刹也是古印度話，為梵文Raksasa的音譯，又譯作「羅刹婆」、「羅叉婆」等。意思是

「暴惡」、「可畏」。原爲印度神話中的惡魔，數量很大，最早見於古印度詩集《梨俱吠陀》。據說羅刹本是印度古代土著民族名稱，雅利安人征服印度後，誣蔑羅刹族人凶惡可怕，於是刹成了「可惡」的同義詞。看來，「羅刹」這一名稱，也是民族侵略、種族壓迫的產物，征服者咒罵被征服民族爲「野蠻人」、「惡魔」，全球盡然。

羅刹由部族民眾演變爲「惡鬼」以後，在《梨俱吠陀》中，被說成可以變成種種形相，如犬、禿鷲、鳥等動物形，還可變成兄弟、妻子、丈夫等人形，爲非作歹，殘害人命。它們常以人肉、馬肉、牛乳爲食。羅刹後被佛教吸收，但其惡鬼本性並未改變：「羅刹，此云惡鬼也。食人血肉，或飛空，或地行，捷疾可畏也。」（《一切經音義》卷二十五）

羅刹還有男女之分，男羅刹爲黑身、朱髮、綠眼，一幅鬼模樣。女羅刹，又叫羅刹女卻是絕色美女。《西遊記》中牛魔王的老婆鐵扇公主，就是個羅刹女。佛教中的羅刹女也很不少，大羅刹女就有八大羅刹女、十大羅刹

夜叉（《大千圖說》）

女、十二大羅剎女等，還有五百羅剎女之說。五百羅剎女的佛教傳說很有意思：

據說錫蘭島上曾有一大鐵城，五百羅剎女住在鐵城中。她們等商人路過此處時，便「變爲美女，持香花，奏音樂，出迎慰問，誘入鐵城」，舉行歡迎宴會之後，全部關入鐵牢中，然後再慢慢「消受」他們。

有個大商人的兒子叫僧伽羅，他與五百個商人經商路過這裏，也被誘入鐵城。這五百商人倒是沒有馬上被吃掉，反而與五百羅剎女分別配上對，還都生了一子。可這些女人此時已厭煩了五百商人，打算換換新口味，便準備將他們打入鐵牢。僧伽羅預感不妙，偷偷至鐵牢，由前一批吃剩下的商人口中探得眞相。

僧伽羅告之眾商人，一齊潛逃。諸羅剎女覺察後，皆來追趕，趕上後以女色相誘，商人們禁不住誘惑，全和羅剎女們返回。唯僧伽羅不爲所動，羅剎女王親至其面前，「縱極媚惑，誘請令還」。僧伽羅把她趕走，並返回家鄉。

羅剎女王在國王面前告了僧伽羅一狀，並以美色迷住了國王，被納爲妻。國王不聽僧伽羅勸諫，羅剎女王遂召五百鬼女，將國王及宮中所有人吃個精光，然後溜之大吉。群臣見狀大驚，商議後共推僧伽羅爲王。僧伽羅爲剷除妖孽，率兵攻打鐵城，羅剎女們又施展妖媚惑眾的技倆，僧伽羅王令士兵們「口誦神咒，身備武威」，把鬼女們打得死的死，逃的逃。於是毀掉鐵城、鐵牢，救出商人們，重新修建了城池，建立了國家，叫「僧伽羅國」（意爲「獅子國」，即錫蘭，今斯里蘭卡）。

這位僧伽羅大商人，就是釋迦如來的化身。（唐・玄奘《大唐西域記》卷十一）

後記

身居鬧市陋室二十餘載，經多了、看慣了沒完沒了的種種困擾與煩惱，在困頓中用力搜尋著光亮與希望。後來與諸神接觸久了，交流多了，心境也日漸平靜、踏實。

孔老聖人說：三十而立，四十而不惑。其實這個做人標準是很高的，一般人很難達到。我就比孔老先生定的標準慢了一大拍。在我進入四十歲的時候，才出了一本還算有些影響的書，如果這勉強算是「立」的話，那麼我在不惑之年之後又五年的今天，卻遠未「不惑」！一個人要做到不惑，談何容易？君不見古往今來多凶顯赫人物，最終不過是以「悟」字了卻了一生！非經大煩惱，不得大不惑！

誠然，做到「不惑」確乎很難，但儘量使自己活得明白些，輕鬆些，踏實些，應該說是可以做到的；不攀比，不妬忌，看清自我價值，在社會上找到自己的位置，就能活得「明白」些。生命短暫，人生匆匆，視煩惱如浮雲，人生的樂趣就在你的身邊，俯拾皆是！

《華夏諸神》是我探討中國神文化，也是探討人生的成果的一個階段性總結。這一探討遠未完成，筆者將繼續這一工作，使其更全面，更完善，也更深入，在三五年內完成我的三倍於此的《中國神祇文化百科全書》。

中國佛教會副會長、中國佛教文化研究所所長周紹良師，多年來對我的治學給予了很多幫助與指導；眾多親友特別是內人李蘭英女士爲我事業上的成功，做出了巨大奉獻；臺灣雲龍出版社，以極大的熱情和魄力，促成了拙著在臺出版發行。對於這一切，我表示由衷的感謝！

馬書田

一九九一年十二月五日夜

於北京城南洋橋西里淨廬

附錄一　華夏諸神誕辰一覽表（以農曆日期排列）

正月

初一　元始天尊聖誕
　　　彌勒佛（布袋和尚）聖誕（一作初二）
初二　孫正眞人（孫天醫誕）
初五　路頭神（財神）誕
　　　定光佛聖誕（一作初六）
初六　清水祖師誕
　　　九天玄女聖誕（一作二月十五）
初八　白衣觀音聖誕
　　　江東神誕
　　　五殿閻羅王誕

初九　玉皇大帝聖誕
　　　漢閩越王誕
十一　太均娘娘（保嬰送子）誕
十三　劉猛將軍（蟲王爺）誕
十四　順懿夫人（順天聖母）誕
十五　上元天官大帝誕
　　　張天師（張道陵）誕
　　　門丞戶尉誕
　　　佑聖眞君誕
　　　臨水夫人（陳靖姑）誕
　　　金天娘娘誕
　　　三一教主誕
　　　盤古大王聖誕（一作十月十六日）
十六　三王公（古公三王）誕
　　　開臺聖王誕
　　　門神誕
十九　長春丘眞人誕

二十　招財童子誕
廿五　滿族倉稟神誕

二月

初一　一殿秦廣王誕
初二　濟公菩薩誕
福德正神（土地爺）誕
初三　文昌帝君（梓潼神）誕
初八　三殿宋帝王誕
張大帝誕
十二　百花娘娘誕
十三　葛眞君誕
十五　太上老君聖誕（一作七月初一）
岳武穆王（岳飛）誕
開漳聖王誕（一作二月十六）
十八　王陽眞君誕
十九　觀音菩薩聖誕

廿一　普賢菩薩聖誕
廿三　廣澤尊王誕（一作八月廿二）
廿四　都龍王誕
廿五　元天明眞君誕
廿六　眞武大帝聖誕（一作三月初六）

三月

初一　二殿楚江王誕
初三　王母娘娘聖誕
　　　北帝聖誕
初四　乳星娘娘誕
初五　禹王爺誕（一作三月廿八）
　　　送子娘娘誕
初六　眼光聖母誕（一作四月廿日）
初七　何仙姑誕
初八　六殿卞城王誕
十五　保生大帝（吳眞人）誕

趙公元帥誕
醫靈誕
十六　準提菩薩聖誕
十八　中岳大帝聖誕
十九　太陽星君聖誕
朱天大帝祭日
二十　註生娘娘誕
廿三　天后娘娘（媽祖）聖誕
廿六　鬼谷先師誕
廿七　七殿泰山王誕
廿八　東嶽大帝聖誕
造字先師（倉頡）誕
廿九　土地公誕

四月

初一　八殿都市王誕
初四　文殊菩薩聖誕

初八　佛祖釋迦牟尼聖誕
　　　九殿平等王誕
　　　牛王誕（壯族）
初十　葛仙翁誕
十三　天尹眞人誕
十四　呂純陽祖師誕
十五　鍾離祖師誕
十七　十殿輪回王誕
　　　金花夫人誕
十八　北極紫微大帝聖誕（一作十月廿七）
　　　華佗神醫仙師誕
　　　大王菩薩（霍光）誕
廿一　托塔李天王誕
廿四　朱天菩薩誕
廿五　武安尊王誕
廿六　鍾山蔣公誕
廿八　神農先帝聖誕（一作四月廿六，壯族爲三月三日）

五月

初一　南極長生大帝聖誕
初二　梅山福主誕
初五　藥王誕（一作四月廿八）
初七　巧聖先師（魯班）誕（又作六月十三、十二月廿日）
初八　龍母聖誕
十一　城隍誕（又作二月十二、廿二，五月十二日，七月廿四日等）
十二　炳靈公誕
十三　關聖帝君誕
二十　丹陽馬眞人誕

六月

初一　韋馱誕（一作初三）
初六　龍母娘娘誕
　　　楊泗菩薩誕
　　　土地公誕（壯族）

崔府君誕
初十 劉海蟾誕
十一 田都元帥誕
井泉龍王誕
十二 彭祖誕
十四 文殊菩薩聖誕
十五 王靈官誕
十六 馬仙誕
廿三 火德眞君（火神爺）誕
廿四 財神誕
雷祖大帝聖誕
廿六 二郎星郎誕（一作廿四）
廿八 南嶽大帝誕（一作十二月十六）

七月

初一 七星娘娘誕
初六 康元帥誕

八月

初七　魁星誕
　　五福菩薩誕
　　織女誕
初十　鐵拐李誕
十三　大勢至菩薩聖誕
十五　中元地宮大帝聖誕
十八　王母娘娘聖誕（一作三月初三）
十九　值年太歲星君誕
廿一　普庵祖師誕
廿二　財帛星君誕（一作二月十一）
廿四　草聖大王誕
　　鄭仙誕
廿七　玉清黃老誕
廿八　馬元師誕
三十　地藏王聖誕

初一　許旌陽眞君誕
初二　妙海眞君誕
初三　北斗星君聖誕
　　　九天司命灶君誕
初五　雷聲普化天尊聖誕
初十　北嶽大帝誕
十五　太陰星君（月娘）誕
　　　伽藍爺誕
十八　酒仙誕
　　　潮神誕
十九　天皇誕
廿二　燃燈古佛聖誕

九月

初一　南斗星君誕
　　　飛天大聖誕
初三　五瘟誕

初五　斗姆元君誕（一作初九）
初九　臨水夫人誕
　　　中壇元帥（太子爺）誕
　　　火神爺誕
　　　酆都大帝聖誕
　　　九皇大帝聖誕
十三　孟婆神誕
十七　金龍四大王誕
　　　蚱蜢將軍誕
十八　倉聖先師誕
廿二　太乙眞人誕
　　　增福財福誕
廿六　五顯靈官誕
　　　瘟神娘娘誕
廿八　華光大帝誕
廿九　藥師佛誕（一作三十日）

十月

初一　三田都千歲誕
初三　三茅眞君誕
初五　達摩祖師誕
初十　水仙尊王誕
　　　張果老誕
十二　齊天大聖（孫悟空）誕
十五　下元水官大帝聖誕
十八　地母娘娘誕
廿三　周倉將軍誕
廿五　感天大帝（許眞人）誕

十一月

初六　西嶽大帝誕
初七　八臘神誕
十一　太乙救苦天尊聖誕
十七　阿彌陀佛聖誕

十九　九蓮菩薩聖誕
廿三　張仙誕
廿七　董公真仙誕

十二月

十二　蚕花娘娘誕
十五　溫元師誕
十六　福德正神誕
廿一　多寶佛誕
廿二　重陽王祖誕
廿九　華嚴菩薩誕
三十　廁神（紫姑）誕

〔注〕諸位神明本屬子虛，其誕辰自然也由人定。因地區不同，傳說有異，神誕日亦不盡相同，尚有少量重覆。

附錄二　與諸神相關的民俗節日一覽表（以農曆日期排列）

正月

初一　接神。放爆竹，以避山臊惡鬼。
　　迎喜神（山門走喜神方）。
　　祭五聖菩薩（每月初一、十五）

初二　祭財神。

初三　祭天地神。

初五　接財神（迎五路財神、關帝）。

初八　祭拜「順星」（本命星辰）。
　　拜仙姑（八、十八、廿八共三日）看參星日。
　　羅列仙節

初九　祭天公（玉皇大帝）。

迎九娘神。

十三　祭劉猛將軍（蟲五爺）

十四　迎紫姑（廁神）。（也有在正月十三或十五）

十五　上元節，祭天官大帝。燈節。

拜喜神日。

十六　中幡聖會

十九　燕九節

廿三　喇嘛「打鬼」。

二月

初一　中和節，祭太陽星君。

初二　祭土地公。

花神會。

十五　三都廟會（祭祀徐王廟）。

涅槃節（佛祖涅槃日）

三月

上旬　清明鬼節，上墳掃墓，祭拜眾鬼。

初三　蟠桃會，紀念王母娘娘。

　　上巳節，去江邊洗滌污濁，以消災除邪。

初十　中嶽廟會

十五　白族「三月街」（觀音市）。

廿三　天后宮（媽祖廟）「皇會」。

廿八　東嶽會。

四月

初八　浴佛節。

　　放生會。

公曆　傣族潑水節。

廿五　白族觀音會。

廿八　藥王會。

五月

初一　城隍出巡。
初五　端陽節。掛鍾馗像、天師像，以驅鬼祟。
十三　關帝會。
祭關帝日（又齊月廿四日、九月十三日）
十五　瘟之帥會（又作四月十一日、六月廿五日）
廿一　靈寶天君誕

六月

初六　蟲王節。
天貺節（寺院曬經，信女翻經「轉男身」）。
十六　魯班節。
十九　觀音會（觀音菩薩成道日）
廿四　祭雷神。

七月

初七　乞巧節，祭牛郎織女星。

七娘會。
拜魁星。

十二　地獄開門日。

十四　目連節。
祀檐神（防小兒疾）。

十五　中元節，拜三界公（天官、地官、水官）。鬼節、燒紙節，普度孤魂。
盂蘭盆節。
痲姑節。

八月

初三　華佗會。
灶君會。（灶王爺生日）。

十四　五猖會。

十五　中秋節，拜月神娘娘（太陰星主）。

九月

初一　禮拜北斗日（一日至九日）。

十月

十五　下元節，祭水官大帝。
祀陳十四娘娘。

十二月

初一　跳灶王。（至廿四日）
初八　臘八節（佛祖成道日）。喝臘八粥（「佛粥」）。
十七　祭窰神（或十八日）。
廿三　祭灶（也有在廿四日）。
廿四　送灶神。
廿五　接玉皇。（玉皇下界之辰）
三十　換門神。
迎灶王下界（接灶）。
諸神下界日。
三十　地藏節。

附錄三　重要神祇及其相關寺廟一覽表

鬼　神

地藏王

安徽九華山地藏道場
臺灣新竹縣獅頭山輔天宮
西安市大興善寺

閻王

四串酆都縣都名山十王殿
澳門禪院（觀音堂）
臺灣新竹縣輔天宮

五道將軍

各地五道廟供奉此神一些東嶽廟供奉此神

鍾馗

四川酆都名山鍾馗殿

城隍

西安城隍廟
河南各陽河南府城隍廟
江蘇蘇州市城隍廟
河南鄭州市城隍靈佑侯廟
陝西源縣城內城隍廟

判官

山西陵川縣崔府君廟（顯應王廟）

土地

各地土地廟、福德正神廟供奉此神

牛頭馬面

四川酆都天子殿、十王殿
山西蒲縣東嶽廟十八層地獄
澳門禪院（觀音堂）
臺灣新竹縣獅頭山輔天宮

無常

同上

孟婆神

四川酆都名山孟婆茶樓

部分參考書目

老子《道德經》
《山海經》
西漢・劉安《淮南子》
東漢・應劭《風俗通義》
東漢・蔡邕《獨斷》
六朝《漢武帝內傳》
東晉・葛洪《抱朴子》、《神仙傳》
東晉・干寶《搜神記》
南朝梁・宗懍《荊楚歲時記》
唐・玄奘《大唐西域記》
唐・慧琳《一切經音義》

唐·段成式《酉陽雜俎》
北宋·孫光憲《北夢瑣言》
《太平廣記》「神仙」部、「神」部
北宋·普濟《五燈會元》
北宋·張君房《雲笈七籤》
北宋·高承《事物紀原》
南宋·洪邁《容齋隨筆》
南宋·孟元老《東京夢華錄》
南宋·趙彥衛《雲麓漫鈔》
南宋·曾敏行《獨醒雜志》
南宋·周密《齊東野語》、《武林舊事》
元·趙道一《歷世眞仙體道通鑑》
元末羅貫中撰、明馮夢龍增訂《三遂平妖傳》
明刊本《三教源流搜神大全》
明·徐道《歷代神仙通鑑》
明·黃瑜《雙槐歲鈔》
明·吳元泰《八仙出處東遊記》（《東遊記》）

明・余象斗《北方眞武祖師玄天上帝出身全傳》（《北遊記》）
《五顯靈官大帝華光天王傳》（《南遊記》）
明・郎瑛《七修類稿》
明・田汝成《西湖遊覽志》
明・王世貞輯《列仙全傳》
明・梅鼎祚《青泥蓮花記》
明・胡應麟《少室山房筆叢》
明・羅懋登《三寶太監西洋記通俗演義》
明・沈德符《萬曆野獲編》
明・楊爾曾《韓湘子全傳》
明・鄧志謨《呂仙飛劍記》
明・煙霞散人《斬鬼傳》
明・雲中道人《平鬼傳》
明・劉侗、于奕正《帝京景物略》
明・明刊本《土地寶卷》
《鸚哥寶卷》
清・顧炎武《日知錄》

清·屈大均《廣東新語》
清·趙吉士《寄園寄所寄》
清·汪象旭《呂祖全傳》
清·褚人獲《堅瓠集》
清·呂熊《女仙外史》
《古今圖書集成·博物匯編·神異典》
清·李調元《粵東筆記》
清·周賓所《識小編》
清·沈起鳳《諧譯》
清·翟灝《通俗編》
《日下舊聞考》
清·俞樾《茶香室業鈔》
清·顧祿《清嘉錄》
清·李慶辰《醉茶志怪》
清·平步青《霞外捃屑》
清·王有光《吳下諺解》
清·無名氏《桃花女陰陽斗傳》

清·無垢道人《八仙得道》
清·姚福均《鑄鼎余聞》
清·黃斐默《集說詮眞》
清刊本《玉歷至寶鈔》
清福保《佛學大辭典》（一九二二年）
胡朴安《中華全國風俗志》（一九二三年）
許道齡《北平廟宇通檢》（一九三六年）
徐肇瓊《天津皇會考》（一九三六年）
望雲居士《天津皇會考紀》（一九三六年）
李家瑞《北平風俗類征》（一九三七年）
〔日〕多田貞一《北京地名志》（一九四四年）
王重民等編《敦煌變文集》（一九五七年）
丁山《中國古代宗教與神話考》（一九六一年）
〔臺〕李叔還《道教大辭典》（一九七九年）
趙景深《中國小說叢考》（一九八〇年）
朱家溍《武當山》（一九八十年）
任繼愈主編《宗教詞典》（一九八一年）

莊一拂《古典戲曲存目匯考》（一九八二年）
〔臺〕宋龍飛《民俗藝術探源》（一九八二年）
朱天順《中國古代宗教初探》（一九八二年）
李正心《大足石刻漫記》（一九八三年）
李孝友《昆明風物志》（一九八三年）
薛後《少林寺珍聞實錄》（一九八三年）
李劍國《唐前志怪小說史》（一九八四年）
袁珂《中國神話傳說》（一九八四年）
王明《道家與道教思想研究》（一九八四年）
《中國美術全集·民間年畫》（一九八四年）
鄭石平等《中國四大佛山》（一九八五年）
張紫晨《中國民俗與民俗學》（一九八五年）
卿希泰《中國道教思想史綱》（一九八十年、一九八五年）
張綏《宗教古今談》（一九八五年）
周叔迦《法苑談叢》（一九八五年）
史旺成《五台山史話》（一九八五年）
翁偶虹《北京話舊》（一九八五年）

袁珂《中國神話傳說詞典》（一九八五年）
魏開肇《雍和宮漫錄》（一九八五年）
秋浦主編《薩滿教研究》（一九八五年）
楊玉潭等《五台山寺廟大觀》（一九八五年）
《神話　仙話　佛話》（一九八六年）
宗力、劉群《中國民間諸神》（一九八六年）
何新《諸神的起源》（一九八六年）
任騁《七十二行祖師爺的傳說》（一九八六年）
〔日〕鎌田茂雄《簡明中國佛教史》（一九八六年）
馮修齊《寶光寺攬勝》（一九八六年）
馮驥才編《話說天津衛》（一九八六年）
白化文《佛寺漫遊》（一九八六年）
薄松年《中國年畫史》（一九八六年）
李門、姚玉樞《「鬼城」遊考》（一九八六年）
任騁《藝風遺俗》（一九八七年）
葛兆光《道教與中國文化》（一九八七年）
丘桓興《中國民俗採英錄》（一九八七年）

王家佑《道教論稿》（一九八七年）
〔日〕窪德忠《道教史》（一九八七年）
林悟殊《摩尼教及其東漸》（一九八七年）
程曼起《諸神由來》（一九八七年）
鄧端本等《嶺南掌故》（一九八七年）
喻松青《明白蓮教研究》（一九八七年）
鄭傳寅、張健等《中國民俗辭典》（一九八七年）
張松如《老子說解》（一九八七年版）
白化文、邵伯人《佛陀菩薩羅漢天王》（一九八七年）
覃光廣《中國少收民族宗教概覽》（一九八八年）
冉紅《鬼城傳奇》（一九八八年）
劉志文《煙酒茶俗》（一九八八年）
湯一介《魏晉南北朝時期的道教》（一九八八年）
方立天《中國佛教與傳統文化》（一九八八年）
《寶寧寺明代水陸畫》（一九八八年）
《中國美術全集·寺觀壁畫》（一九八八年）
曾召南、石衍豊《道教基礎知識》（一九八八年）

惠西成、子石編《中國民俗大觀》(一九八八年)
葉春生《岭南風俗錄》(一九八八年)
蔡大成《中國神話學文獻目錄》(稿)
《世界宗教研究》一九七九年～一九八八年
《民間文學論壇》一九八二年～一九八八年
(注：書中所引佛、道經書有關論文，在文內已注明，因數量較多，茲不贅錄。)

國家圖書館出版品預行編目資料

冥間鬼神／馬書田著 -- 第一版.
--新北市:風格司藝術創作坊, 2012.04
面； 公分
ISBN 978－986－6330－31－5
1.民間信仰 2.鬼神 3.中國
272 101004629

冥間鬼神

作 者／馬書田
發 行 人／謝俊龍
出 版／風格司藝術創作坊
106 **台北市新生南路三段**88**號**7**樓之**5
編輯部 Tel：（02）2364-0872 Fax：（02）2364-0873
總 經 銷／紅螞蟻圖書有限公司
114 台北市內湖區舊宗路二段121巷28號4樓
Tel：（02）2795-3656 Fax：（02）2795-4100
http://www.e-redant.com
E-mail：red0511@ms51.hinet.net
出版日期／ 2012 **年** 04 **月 第一版第一刷**
定 價／ 200**元**
劃撥帳號／ 16039160 **知書房出版社**
網 站／ http://www.facebook.com/shufang.zhi
E-mail ／ mrbhgh@gmail.com
※本書如有缺頁、製幀錯誤，請寄回更換。

ISBN 978－986－6330－31－5 Printed in Taiwan